CATALOGUE OF
DATED AND DATABLE MANUSCRIPTS
c.435–1600
IN OXFORD LIBRARIES

CATALOGUE OF DATED AND DATABLE MANUSCRIPTS

*c.*435–1600

IN

OXFORD LIBRARIES

ANDREW G. WATSON

VOLUME II

The Plates

CLARENDON PRESS · OXFORD
1984

Oxford University Press, Walton Street. Oxford OX2 6DP
London Glasgow New York Toronto
Delhi Bombay Calcutta Madras Karachi
Kuala Lumpur Singapore Hong Kong Tokyo
Nairobi Dar es Salaam Cape Town
Melbourne Auckland
and associated companies in
Beirut Berlin Ibadan Mexico City Nicosia

Oxford is a trade mark of Oxford University Press

Published in the United States
by Oxford University Press, New York

© The Bodleian Library, Oxford 1984

All rights reserved. No part of this publication may be
reproduced, stored in a retrieval system, or transmitted, in any
form or by any means, electronic, mechanical, photocopying,
recording, or otherwise, without the prior permission of
Oxford University Press

British Library Cataloguing in Publication Data

Catalogue of dated and datable manuscripts
c. 435–1600 in Oxford libraries.
1. Manuscripts—Catalogs
I. Watson, Andrew G.
011'.31   Z6602
ISBN 0-19-818197-3

Library of Congress Cataloging in Publication Data

Watson, Andrew G.
Catalogue of dated and datable manuscripts
c. 435–1600 in Oxford libraries.

Includes indexes.
Contents: v. 1. The text—v. 2. The plates.
1. Manuscripts—England—Oxford—Catalogs.
2. Libraries, University and college—England—
Oxford (Oxfordshire)—Catalogs. 3. Catalogs,
Union—England—Oxford (Oxfordshire) I. Title.
Z.6620.G7W37 1984 [Z921]   018'.0942   82-18817
ISBN 0-19-818197-3 (set)

Printed in Great Britain
at the University Press, Oxford

(a)
```
XXIII      XXIIII    decadmoetdespartis        XXXUIII
XXIIII     XXU       filiammondelfis           XXXUIII
                     nobilishabeturqui
ATHENIENSIUM·U       primusapudathi
AEGEUSPANDIO         chorumconstituit
NISFILIUS XXUIIII    pandionfugitame
                     tionidibpassusin
                     sidias
XXUI       I         eaquaededalofabulaefuerunt    XXXUIIII    fabulade
XXUI       II        quidixisestsimulacrafecissese  XL         dalierfagi
                     mouentiaprimusenimmouentia
XXUII      II        primusenimomniumpedesstatua   XLII
XXUIII     IIII      ruasseinuicemseparauitaliscd   XLIII
                     iunctimeosfabricantib·palefa
XXUIIII    U         tusmemorat·necnonquomodo      XLIIII
XXX        UI        cumfilioicaromincemnaufra     XL
XXXI       UII       geritetpropterinusticabilem    XLUI
                     fugamauolasseppinnisaestima
                     tussit
```

(b)
ETPERSEUERAUITCAPTIUITASANNLXXUUSQUE
ADSECUNDUMANNUMDARIIFILIIHYSTASPIS
QUIPERSISASSYRIISETAECYPTOREGNAUITSUB
QUOACCAEUSETZACHARIASETUNUSEXDUO
DECIMQUIUOCATURANGELUSPROPHETAUE
RUNTSACERDOTIOQFUNCTUSESTIESUSIO
SEDEC· HAECSUPRADICTUSIIR
QUODAUTEMLXXANNUSDESOLATIONISTEM
PLIALTEROANNODARIIUERITEXPLETUSDO
MESTICUSTESTISESTZACHARIASPROPHETA
SECUNDOANNODARIITADICENS DNEO
MNIPOTENSQUOUSQUENONMISEREBERIS

(c)
SECUNDINI ET FELICIS
MACEDONIUSAUGUSTAEURBISEPISCOPUSLI
CETOLIMANASTASIIMPERATORISDOLIS
FALLACIISQUECIRCUMUENTUSPRAUORU
QUETESTIMONISEIDEMCAESARIACCUSA
TUSQUODIAMTHOMUMSANCTORUMPA
TRUMAPUDCALCHEDONAMSCADUDUM
SUSCRIPTIONEROBORATUMEIDEMPRINCI
PIMDAREDISTULITABEODEMEUCHAITA
INEXILIUMDEPUTATUSLOCUMMACHEDONII
TIMOTHEUSMERIDIANOTEMPOREABANAS
TASIOCAESAREEPISCOPUSORDINATUSINUASIT

1. **Auct. T. 2. 26.** (*a*) fol. 40, (*b*) fol. 82, Italy, after 435 or 442; (*c*) fol. 167ᵛ, Italy, after 548.

(a)

Sti Iohis Exonie liber

tituli m[...]
tum tempus
designatur
a loc
[...]

E libro apocalypsis beati iohannis adiu
uante dno tractaturi debemus neces
sario interpretari titulum designa
re locum narrare causam insinuare per
sonam ut eius continentia nomine nuntietur
loco dinoscatur et tempus per causam dig
nitas clareat meritorum persona unum sig
nificet in collegio ceterorum cui adsignari
specialiter oporteat munus indultum; Cu eni
singulos quosque libros diuersis constet uoca
bulis titulari epigraphe huius id est super
inscriptionem apocalypsis decurt appellari
inter graecos enim ponitur et hebreos teno
rem libri proprietate graeci sermonis ex
pressi Apocalypsis enim interpraetatur

(b)

propterea et iacobus apostolus ab inuicem
utrum que discernit dicens; fides si opera non habeat
mortua est in semet ipsa; nam circumcisione car
nalium detruncatio uitiorum, sabbato illa nequies
intellegitur animarum de qua dicitur uacate et
uidete quis ego sum dns; uictimis autem ut exhibea
mur corpora nostra hostiam uiuam scam deo pla
centem; alia quippe fuerunt inueterete; tamen
to praecepta uitae actibus adimplenda, alia ui
tae significationibus adumbrata illis implendis
suam xpi gratiam ponere; ipsis tamen ouendis se
prenuntiatum suo tempore uoluit praesentari;
lex enim per mosen data est tamquam exterior
in paruuli polis, idest non concupisces uel potius illud
post concupiscentias tuas non eas, gratia et ue
ritas per ihm xpm facta est tamquam in paruute

2. **Douce 140.** (a) fol. 4; (b) fol. 40; (c) fol. 79ᵛ; (d) fol. 101ᵛ; (e) fol. 115ᵛ. England, before 719.

K unū habuisse
& duos reges adnuntiat.

VIIII Uae unum habiit et ecce alia duo quae
sequuntur et tertius angelus tuba cecinet ne primum ut dicit abiisse. et tertia tuba angeli personarie hic nouissima praedicatio sextae aetatis denuntiatur. et audiui unum ex quattuor cornibus arae delatae quae sub oculis di est dicentem sexto angelo qui tuba portabat Ioh...

K templū tabernaculi martyrior in caelo dictū ecclesia cū praemissor & procedentiū 7 plagas ministroris corp ecclesiae cōplacuisse tot dem in processisse

...tur ca iudicia tua manifestata sunt haec et habundantia exponuntur quae ipsa iam opere impleri cernuntur. VIII Post haec uidi et ecce apertum est templum tabernaculi martyrii in caelo, hic iam reuelatū dicit ab disca testimoniorum archana de xpo ae cclesia q: praemisit et procesterunt septem angeli cum septem plagis de aecclesia, contra quam pars aduersa indesinenter ab rebellauit insidiis, ideo dicit plagas procedere siue pro defensione istorum in quib: ante a dōmin us xp̄s concussū iam suscuulit sicut paulo dicit: saule saule quid me persequeris

...culi regnum omne. de signato sicut paulo ante In regibus subiectis quid sentiri: Sed potestatem regni una hora accipiunt cum bestia; hora hic pro tempore accipi exemplo docetur et sensū apassione scilicet dn̄i ex quo apostolica uoce clamatur nouissima hora est quando uengo quod fut numeretto consūmetur dicit eos regnū necdum accepisse quia licet nunc quoque plurimis dominentur ad hoc tamen eius

```
ΚΑΙ ΕΠΙΤΑΣ ΤΟΝ ΙΑΣΤΑΣΥ ΦΕΡΑΣ        et super angulos illos altos
ΑΡΣΙΡΙΟΝ ΑΥΤΟΝ                       argenteum eorum
ΚΑΙ ΤΟ ΧΡΙΣΙΟΝ ΑΥΤΟΝ                 et aurum eorum
ΟΥ ΜΕ ΔΥΝΕΤΑΙ ΕΞΕΛΕΣΤΑΙ              non poterit eripere
ΑΥΤΟΝ ΕΝ ΗΕΡΑ ΟΡΓΕ ΚῩ                in die irae dni eor
ΚΑΙ ΕΝ ΠΙΡΙ ΧΕΛΟΙΣ ΑΠΟΙΣ             et in igni emulationis eius
ΚΑΤΑ ΑΝΑΛΟΘΕ ΣΕΤΑΙ ΠΑΣΑ ΕΠΕ          consummetur omnis ipsa
ΑΓΓΕΟΣ ΠΡΟΦΗΕ ΤΗΣ                    aggeus propheta
ΔΙΟΤΙ ΤΑΔΕ ΛΕΓΕΙ ΚΣ ΠΑΝΤΑ            Quonia hc dt dns omnip;
ΕΤΙ ΑΠΑΞ ΕΛΟ ΣΕΙΟ ΤΟΝ ΟΥΡΑ           ad huc semel ego mouebo caelū.
ΚΑΙ ΤΕΝ ΓΕΝ                          et terram.
ΚΑΙ ΤΕΝ ΤΑΛΑΣΣΑΝ                     et mare.
ΚΑΙ ΤΕΝ ΞΕΡΑΝ                        et aridam.
ΚΑΙ ΟΥΝΕΙΣ ΩΤΑΝ ΤΑ ΤΑΣ ΟΝΕ           et con strā om̄is gen̄s;
```

3. **Auct. F. 4. 32** fol. 27. Wales, 817?

congruit illud hezechielis pphetae Ubi de aedificatio
in monte constituto loquens ait Et in octo gradib: ascen
sus ei Et hic enim beatus petrus octo uirtutum gradus
enumerat quib: fugientes mundialis concupiscentiae
corruptione ad habitatione regni caelestis ascende
re debeam fidem scilicet uirtutem scientiam absti
nentiam pacientiam pietatem amorem fraternitatis
et caritaté De qb: mmrum gradib: psalmus dic
Ascensus in corde ei disposuit &cetera usq: dum am
bulabunt de uirtute in uirtutem uidebit ds deo
rū in sion Pp qd incipiā uos semp com̄onere debui
et quidem scientes & confirmatos uos in p̄senti ueri
tate. quare uult illos semp com̄onere de bonis operi

4. **Bodley 849** fol. 86. France, 818.

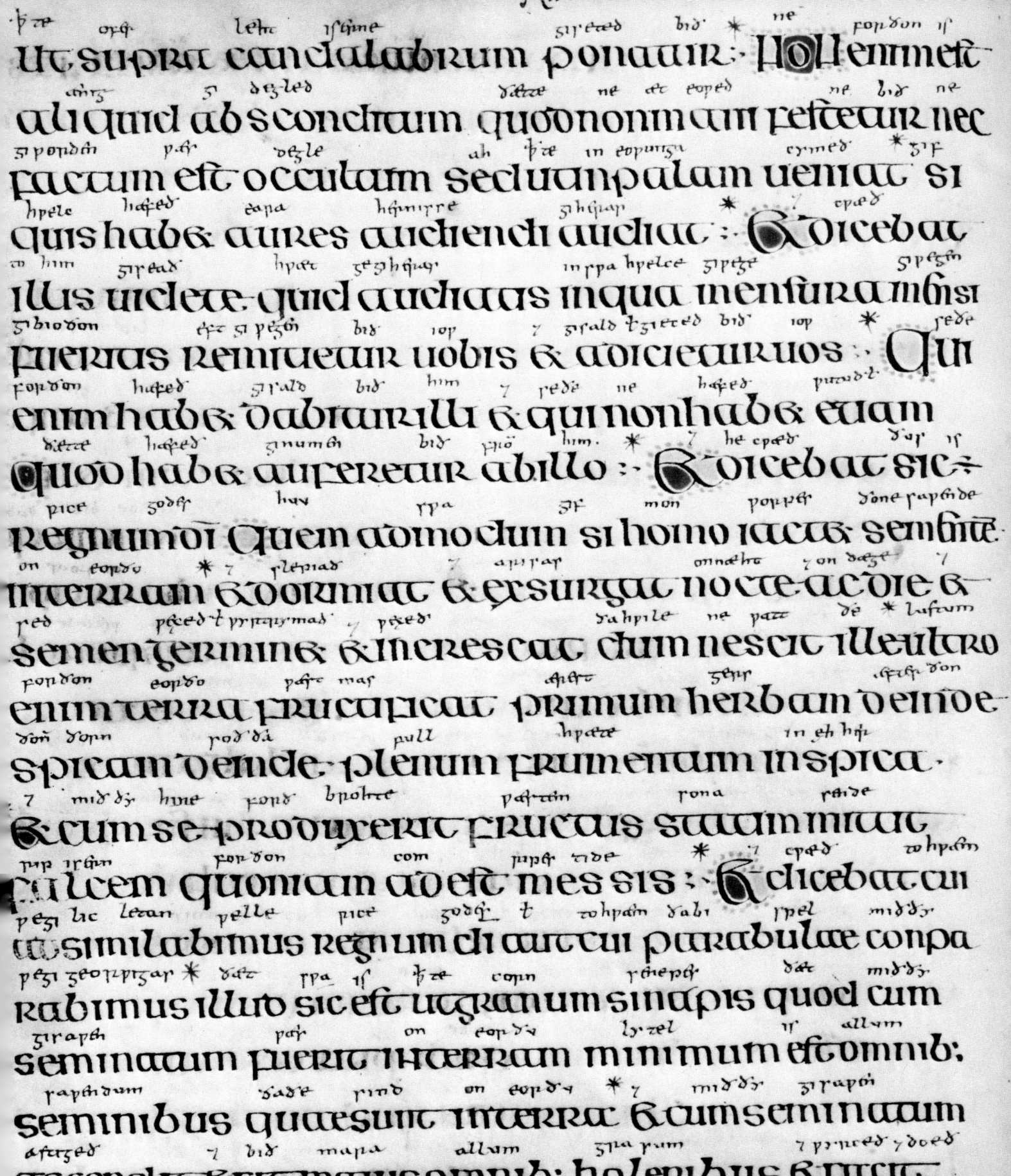

ut supra candalabrum ponatur: Non enim est
aliquid absconditum quod non ut reueletur nec
factum est occultum sed ut in palam ueniat si
quis habet aures audiendi audiat: Et dicebat
illis uidete quid audiatis in qua mensura mensi
fueritis remitietur uobis & adicietur uos: Qui
enim habet dabitur illi & qui non habet etiam
quod habet auferetur ab illo: Et dicebat sic
est regnum di Quem ad modum si homo iactat sementem
in terram & dormiat & exsurgat nocte ac die &
semen germinet & increscat dum nescit ille ultro
enim terra fructificat primum herbam deinde
spicam deinde plenum frumentum in spica.
& cum se produxerit fructus statim mitit
falcem quoniam adest messis: Et dicebat cui
adsimilabimus regnum di aut cui parabulae conpa
rabimus illud sic est ut granum sinapis quod cum
seminatum fuerit in terram minimum est omnib;
seminibus quae sunt in terra & cum seminatum
ascendit fit maius omnib; holeribus & facit

5. **Auct. D. 2. 19** fol. 58ᵛ. Birr, Ireland, before 822.

Et factum est post mortem moysi servi dñi ut loque
retur dñs ad iosue filium nun ministrum moysi. & di
ceret ei; Moyses seruus meus mortuus est: surge &
transi iordanem istum. tu & omnis populus tecum: In
terram quam ego dabo filiis isr̄l. +Omnem locum quem cal
cauerit uestigium pedis uri: Uobis tradam sicut locutus
sum moysi. Adeserto & libano usque ad fluuium mag
num eufraten. Omnis terra ettheorum usque ad mare
magnum contra solis occasum. Erit terminus ur̄s: Nullus

6. **Laud Lat. 92** fol. 47ᵛ. Fulda?, Germany, betw. 832 & 842.

...pertranseet sursus tuus :: Explicit liber primus Tractatus philip
Incp liber secundus eiusde. Uerba baldaad suit. Sup Job
Usque ad quem finem uerba iactabitis intellegite prius
& sic loquamur :: Quasi non sit sinchrus uel sophis Job
A baldaad uerbosus arguitur: Sed potius quis pure nescio quo
Instigante loqui non desinit. Unde & hic ipse baldaad quia con
tra plures nunc loqui exorsus est: Quam quid bestiae animantia sic Job
Quare reputati sumus ut iumenta & sorduimus uobis :: Adhuc dicit qd
despecti sit & utilissimos atque indignos conloquio estimauerit.
Quis perdis animam tuam in furore tuo :: loquendo contra diuinae iustitiae
furoris amentia concitatur. Animae autem necesse est sicut mors...
Numquid propter te derelinquetur terra & transferentur petrae de loco suo...
tamquam dicat. numquid propter te mundus ordo rerum suum non...
tenebit. ut si quis peccator sicut in eo inuenies sicut te ipsum n̄ puniat. Addit

7. **Bodley 426** fol. 61ᵛ. Wessex, England, c.840–850.

non moverent, nisi ferrum hostile fugientes In sacra
tis eius locis, uitam de qua superbiunt Inuenirent.
Annon etiam illi romani xpi nomini Infestis sunt
quibus ppter xpm barbari pepercerunt. tes
tantur haec martyrum loca. & basilicę apostolo
rum quę in illa uastione urbis ad se confugientes
suos alienosque receperunt; huc usque cruentus
seuiebat inimicus, ibi accipiebat limitem tru
cidatoris furor. Illo ducebantur a miserantib;
hostib; quib; etiam extra ipsa loca pepercerunt
ne in eos incurrerent. qui similem misericor
diam non habebant; qui tamen etiam ipsi alibi
truces atque hostili more saeuientes, post ea qua
ad loca illa uenerant. ubi fuerat interdictum est

(a)

uctoris uirorum uirtute magnorum, ut excitaret in bellum
miseras gentes. & bello agitaret bellonas sanguineos, ut esset
abiurtus eorum enitesceret; hoc illa profecto laudis aui
ditas. & gloriae cupido faciebat; amore itaque primitus liber
tatis, post etiam dominationis. & cupiditate laudis. & gloriae
multa magna fecerunt; reddit eis utriusque rei testimonium.
etiam poeta insignis illorum; inde quippe ait; Nec non
tarquinium eiectum porsenna iubebat accipere in
gentiq; urbem obsidione premebat; enea dq; in ferrum
pro libertate ruebant; Tunc itaque magnum illis fuit
aut fortiter emori, aut liberos uiuere; Sed cum esset
adepta libertas, tanta cupido gloriae incesserit, ut parum
esset sola libertas, nisi & dominatio quaereretur; dum pro
magno haberetur, quod uel ut loquente ioue idem poeta
dicit; quin aspera iuno; quae mare nunc terras quin tu
caelum quae fatigat, consilia in melius referat mecumque
fouebit romanos rerum dominos gentem q; togatam;
sic placitum uenią lustris labentibus aetas, cum domus

(b)

8. **Laud Misc. 120.** (a) fol. 2ᵛ; (b) fol. 110. Würzburg, Germany, betw. 842 & 855.

INCIPIT LIBER XVII

Promissiones di quae factae sunt ad abraham cuius semini & gentem
israheliticam secundum carnem & omnes gentes deberi
secundum fidem do pollicente didicimus: quemadmodum con
pleatur por ordinem temporum par rerent dicuntur indicauit;
qm ergo superioris libri usque ad regnum dauid factus est finis.
Nunc abeodem regno quantum suscepto operis sufficere uidetur cete
ra que secuntur adtingimus. Hoc itaque tempus & quo scs samuel pfe
tare cepit & de inceps done populus isrhl captiuus in babiloniam duceret
atque inde secundum sci hieremie pfetiam post septuaginta annos reuersis
israheliticis di domus instauraretur totum tempus est pfetarum;
quamuis enim & ipsum noe patriarcam in cuius diebus uniuersa diluuio

9. **Laud Misc. 135** fol. 158. Würzburg, Germany, betw. 842 & 855.

Explicit sermo LIIII. Incipit sermo LV.
Dns Ihs in suappinquante passione cum orasset pdiscipulis suis quos & apstls
nominauit. Cum quibus cenauerat ultimam cenam. De qua traditor eius
p bucellam manifestatus & erat; & cum quibus post eius egressum antequam peterat
& multa fuerat iam locutus. Adiunxit & ceteros qui nec dum fuerant creditum &
dati ad patrem; Non phis autem rogo tantum id est pdiscipulis. Qui cum illo tunc erant.
Sed & p eis inquit qui creditari sunt per uerbum eorum in me. Vbi omnes suos intellegi uoluit.
Non solum hi qui tunc erant in carne. Sed & iam qui fuerant. Quotquot # post eis cre
diderunt in eum. per uerbum apostolorum. Sine dubio crediderunt. & donec ueniat credituri sunt.
Ipsis # dixerat & uos testimonium phibetis quia ab initio mecum estis. & pnos euangelium ministratum
est. & antequam scriberetur. & uaq; quisquis in xpm credit. Euangelio credit. Non itaq; hi tantum
intellegendi sunt quorum in se credituros per uerbum eorum. qui ipsos cum in carne uiuerent apstlos
audierunt. Sed & post obitum eorum & nos longe post nati. per uerbum eorum credidimus in xpm;
Quo ipsi quo cum illo tunc fuerunt quod ab illo audierunt. Ceteris pdicauerunt. Atq; ita

10. **Laud Misc. 124** fol. 90. Würzburg, Germany, before 855.

hoc e[st] ip[s]m fac[iendum] t[er] dam[n]a pu[t]a... p[er]
AD C Tu mandasti mandata tua custodire nimis   AD COMPL·
S p[irit]m nobis d[omi]ne tuae caritatis infunde· ut quos uno
caelesti pane satiasti· una facias pietate concordes· p[er]
D[efunc]torum fidelium gloria   SUPER POPULUM·
humilium· beatitudo iustorum· propitius acci
pe supplicum preces· ut animae quae promissio
nes tuas sitiunt· de tuae semper caritatis abun
dantia repleantur· per
F ERIA· VI· DE CRUCE·
A[ntiphona] N[o]bis autem gloriari oportet in cruce d[omi]ni n[ost]ri ih[es]u xp[ist]i·
D[eu]S QUI UNIGENITI TUI PRE
tioso sanguine uiuifice crucis uexillum
s[an]c[t]ificare uoluisti· concede q[uaesumu]s ut qui eiusde[m]
s[an]c[t]e crucis gaudent honore tua quoq[ue] ubique

11. **Auct. D. 1. 20** fol. 142. St Gall, Switzerland, after *c*.855.

12. **Digby 63** fol. 26. North England, betw. 867 & 892.

ðaðonu rindon betrnede ⁊ gerpirmede mid lytelicu laðungum piððarod þæt þnehre þa napaðte
cliþes ðe hie rpralðan heontan. Ðon reallað ða rnuman ceartna ðon ða mod ðeo priht on uncer
nu rint geþnidað ⁊ gecienðe ðon reallað ða eanh pamnar ðon ða heontan ðe hie ahebbað rond te
tule real on gire ðe ðunn riht an panscipes ðunh niht licne cuide ⁊ dom geþnidað or ðune apoppne
ðeat on cþne pipan rint to manih hine ða halan on oðre ða halan
Oðhpipan rint to manianne ða trunnan ⁊ on oðre ða untruman. Ða trunman rint
to manianne ðætte gepilnigen middæg licuman trunnerre ðæt hi ne lorige pro he
lo ðær modes ðy læst hi ðy pirrsie. Gir hie ða trunnerre ðæne godes girre him to unnir re ge
hycnþað. Ðæt la þe hie riððan ge eannigen rua micle heriгne pite rua hie nu ge leaflicon ⁊
un ge licon bruuad ðæne mild heontlican godes girre. Ðondonsint to manianne ða halan
ðæt hie ne opph eген ðæt hie he on ponulde on ðæne hpilendlican hælo him ge eannigen ða
ean hælo ⁊ ymb ða hpilendlican tida scs paulus spnæc ða he cuæð nu ir higuirre tima ⁊
nu sint hæl rigre dagar. Eac sint to manianne ða halan ðæt hie gode pilnigen to licianne
ðe hpile ðe hi on ðigen ðy læst hie gir ru nenaðgen ðonne hie pillen. Ðondon ðær geрnitan ðurh to

IN LECTIONE QUAE RECITATA EST
frs kmi. dixit se scs iohannes uidisse
aliud signum in caelo magnum & mira
bile. Angelos septem id est ecclesiam ha
bentes plagas septe nouissimas qm in his finita ē ira di.
Nouissimas dixit quia semp ira di percutit popu
lum contumacem. Septe plagis id ē per
fecte. sicut ipse ds in leuitico frequenter
ipsi repetit. et percutia m uos septies ppt
peccata uestra. et uidi sicut mare uitreu
pontem baptismatis dicit. Psit lucidu
mixtum igni. id ē spiritu l temptationi.
et uictores bestie sup mare. utqueum
id ē in baptismo. habentes citharas di.
id ē corda laudantium do dicata. et can
tantes canticum moysi serui di et can

gehæled nebið · noti ge ðcñne · se abbod
cyrece · ⁊ mid ir þe paun cope aceorr e · ⁊ spa
ðasse hæle ascyruse · duph þær apostolic
mynzunze þt dus cpæþ · ars prad þone
spelan fram eop · and sit hecpæþ · sif se
queop leasa zepite · he zepite · by læs ðean
að lis sceap ealle heopde besmite ·

SI DEBEAN ITERU RECIPI FRS EXEUNTES demonasterii·

Frater qui proprio uitio egreditur xli
uel proicitur demonasterio · si re-
uerti uoluerit · spondeat prius omnē
emendationē uitii proquo egressus est·
& sic in ultimo gradu recipiatur · ut ex hoc
eius humilitas comprobetur · Quodsi
denuo exierit · usque tertio ita recipiatur

15. **Corpus Christi College 197** fol. 51. East England, after *c*.970.

num · iiii · in integra ebdomada ante natale domini
nium · in · vi · feria proutum annum excepto a pascha usq pen
osten · aut si maior festiuitas fuerit
nnat hic februus cum calia fine peractus·
CELEBRATIONE PASCHE·
ASCHA NAMQ CELEBRATUR AB · XI · Kt APRELIS USQ · IN · VII · Kt MAI
od obseruatur · in · vii · aetatibus lunae idest · a · xv · usq · xxi · et
per in die dominico celebratur·
ae paschalis ab · vii · idus martii usq in nonas aprelis exordium
nit · cuius · xiii · luna a · xii · kt aprelis usq in xiii · kt mai inqui
ida est sine errore·
ucum inuenimus in concilio romanorum ut nec ante · xi · kt
relis nec post · vii · kt mai pascha debeat fieri·
aliud exemplum de nuo primi mensis ut quota luna fuerit
kt ianuarii toc dies de mense martio in fine computabis & inue
p cul dubio lunam & initium primi mensis tantum cres
atis lunae hoc est · xxvi · xxvii · xxviii ·

16. **Bodley 579** fol. 55. Glastonbury, England, 979?

ubi soporationis nos ādmonentes · in id qd esio qram itende
re · · ne q trepescere cepat omnino frugescat · et
poenitus extinguat in flammē · · Un et illud qd e
aps ait · postulationes uīae inotescant ap dm
Si sic accipiendū s tanq do · In notescant q eas et auq
eerit utiq: nouat · · S nob is in notescant ap dm p
colle penentia non ap hoī es piactantiū a pte intescent
ea angelis q sunt ap dm · · Ne qdām eas offerant otio
De his consulant et qdo iubente implendū et cogno
uit sicut oportet ibi cognouint li nob tibi euident
et latent ad portet · · Dixit angelus hoī et nc qn opabas
tu et sapphira ego obtuli memoriā orationis uīae in

17. **Bodley 572** fol. 32. Cornwall, England, & Wales, before 981.

Octaue pariter precedens quarta coheret
Quintam subsequitur numero post septima iusto
Sola suas tantu mensuras sexta retentat
Omnibus has lector coniungens mensibus horas
Quo superit spacio umbraru cedantue uideto
Hoc tamen inprimis noscens retineto. qd orbis
Diuerse partes uarias formeni quoq; metas
Namque uicino torrentur sole sub austrum
Ut mage luce nitent. minimas sic gignere possunt
Umbras. que boree frigentq; iacent q; sub axe
Nocte magis longa tenebrisq; premunt opaci
Que mediis abutroq; absistunt partibus axe
Inter utruq; etiam luce moderantur et umbras
Ergo age. si subiecta legentem pagina lector
Te mouet hac illam regione probabis abipso
Danubio. hesperie primosque uergit adortus
Lugduniq; urbe et rhodani distincta fluentas
Respicit ocea interfusos orbe brittannos
Hoc quoq; te iuste horaru mensura monebit
Umbraru motus primis ne forte kalendis
Ponere et adfinem uelis pducere mensis
Nam pridie umbrarum fueriiq; meta prior
Sub nocte nequit inuarios transire recursus

18. **Digby 81** fol. 138ᵛ. England, betw. 988 & 1006.

Igitur xi. cicli. viiij x. Anno qui h. abet epactas. xix. luna embolismaris incip. iij. nōn. ianuar. finit. k̄. febr. xxx. existens. qd et letas epactaru ostendit. Sequit aut luna febr. iiij. nōn. ipsiuś existens et finiens. vi. nōn. marcii. queq; febrii est. licet in marcio finiat. nō conputat xxx. nisi forte bissext. hoc ueniat anno. qui semp lunā febr. xxx. cō putari cogit. Luna quoq; hoc anno iuxta marc. sedm epactaru seriem xxviiij. ee debuerit, sz ppt hoc xxviij. occurrit. excepto bissextali anno. Si enim hoc anno. bissext fuerit. tunc iuxta marc. xxviiij. sedm lectione. ⁊ sedm cotidiana illiū anni calculacione puenies. Et iā die xi. ÷ vi. nōn. xxx. Deinde luna ipsius marc. v. nōn. incip. finitq; k̄. april. ⁊ sedm epactas. ⁊ sedm pcedente cal culacione. xxx. occurrens. porro. iiij. k̄. april. ineo ā ipsiū luna que ÷ paschalis. finitq; ii. k̄. mai. xxviiij. sic sempha bet april. et finit rursus istiū anni contro uersia. ORIGINE DEX Si uis scire unde ꝑcedunt regulares PLORARIO REGI MSIU qui sedm solem numerantr. id sunt. marc. v. qi menses sunt in anno un de regulares requiris. tot numeru in calculo numerabis. id ē. xcij. et qd dies inpsis mensib; habet. tot numeru memoriter teneas. id ē. ccc. Lxv. hos partire p xij. xxx. xij. fiunt ccc. Lx. Remanent. v. Marc. v. Marciū habet dies xxx. j. Adde suos regulares. v. fiunt xxx vj. hos parti re p vij. Septies quini. xxxv. Romana. j. April. i. April habet dies xxx. Adde suū regulare. i. fiunt xxxj. Parare p vij. sep aes iiij.

19. **Bodley 232** fol. 11. France?, 993?

cum odore suauitatis ascendat. ✠ Pro salute uiuoru
Suscipe sca trinitas hanc obl. qua tibi offero p salute fa
mulorum famularumq; tuaru. quatinus te donante
percepta uenia peccatoru. uitae quoq; sempiternae in
mensa gaudia p cipere mereant. ✠ ꟼ inuicem orantibus
O s qui ubiq; es et ubiq; regnas. que fraterna caritas et dile
ctio possidet. suscipe p ces et orationes quas nos famuli tui
p nobis met ipsis socia alternationis caritate fundimus.
ut his mutuis intercessionibus ab omni peccatoru labe
mundati. regnum aeternu mereamur introire. ✠
Suscipe sca trinitas hanc obl. Pro se ipso et omnib; fidelib;
quam ego indignus & peccator famulus tuus tibi offerre
p sumo in honore omnium scoꝝ tuoꝝ. et p omnib; fi
delibus uiuis et defunctis. et p sanitate corporis et ani
mae meae. ut omniu delictorum nroꝝ ueniam con

(a)

diant. Sit aut in aeccla constituta. quo usq;
p ip sa anima missae celebrent. et ante qua ip sum
corpus eleue . dicat sacerdos hanc orationem
Omnp tis di m iam imploramus. cuius
iudicio aut nascimur aut f nimur. ut
spm fris nri. ꜩ sororis n rae. quem dni pietas
de in colatu mundi huius transire praecepit
requies aeterna suscipiat. et cum b ata resu
rectione representet. et in sinibus abrahae
isaac et iacob collocare dignetur. ✠ eu qū.
Tunc incipiat cantor responsorium.
R. Subuenite sci dei occurrite ang. V. Suscipiat te xpe

(b)

20. **Canon. Liturg. 319.** (a) fol. 26; (b) fol. 260. Upper Austria?, betw. 997 & 1018.

Confitebor tibi qm exaudisti me
& factus es mihi insalutem
Confitemini dño quoniam bonus
Quoniam insaeculum misedia eius

ALEPH DOCTRINA CXVIII
BEATI IN MA(LV)
LATI IN VIA · QUI
ambulant inlege domini
Beati qui scrutantur testimonia ei
In toto corde exquirunt eum
Non enim qui opantur iniquitatem
Inuiis eius ambulauerunt
Tu mandasti mandata tua

21. **Douce 296** fol. 86. Crowland, England, betw. 1015 & 1036.

fři ñdũ exurgere a tra psumentes · tañ recepta
mente inta concaue lucis nube qdda subtale mur
mur auribz captabant · ṡ; colloquentiu uerba archa
na discernere neqbant · ṗsonaru alternantes sonos
intelligebant · ṡ; uerboru sensu neqqua hauriebam
Hec alternatio ducta eousq; ṗstitit · donec globus ipse
igneus paulati se in tenuem aere immiscens· homi
ne in aptu emisit · Hinc uir dī semel bis · & tcio
flexus · p qua dulcia trę oscula arcti ipressit· & se
d loco pfusus lacrimis remouit · inuenit qs paulo
ante abiecerat · ciroteas radio subministrante ·
pendentes in aere · Quo facto · gras iteru agens eas
suscepit · fribz; hec omia emits intuentibz; qb; plane
hec ipsa occultare querebat · ṡ; lucis auctor sub tene
bris ignorantie lucerna sua uisibz; humanis noluit
abscondi · Sic ide frı ad locu q eos ante subsistere uı

23. **Bodley 852** fol. 18. Jumièges, France, betw. 1049 & c.1072.

DIXISSE ENEAM VIRGILIVS REFERT
cu inter pericula sua suoruq; naufragia re
siduos aegre socios solaretur· forsan & hec
olim meminisse iuuabit · Haec sententia
semel apta ficta semp im sui triplicem di
uersissimus effectibus refert · cu & pterita tan
to gratiora habentur inuerbis quanto grauiora referunt
ingestus · & futura dum desiderabilia fastidio psentiu fiunt ·
semp meliora creduntur · In ipsis aut psentibz; obhoc nulla
in parte miseriaru iusta coparatio adhiberi potest· quia
multo maiori molestia afficiunt quantulacuq; sint ista

22. **Auct. T. 1. 23** fol. 75. Metz, France, betw. c.1048 & 1078.

24. **Canon. Misc. 560** fol. 10ᵛ. Milan, Italy, betw. 1055/6 & 1074.

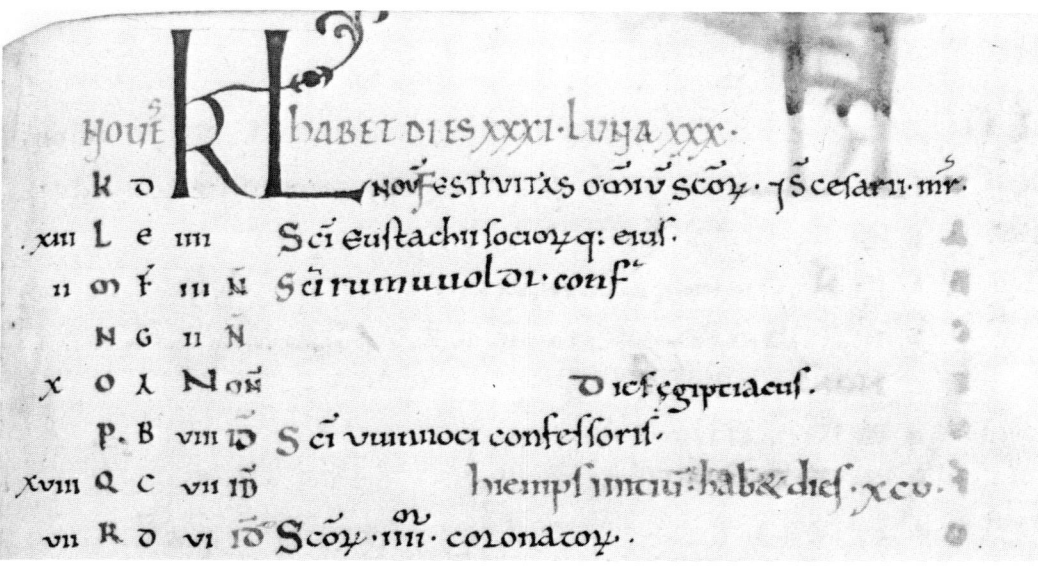

25. (*a*) **Hatton 113** fol. viii; (*b*) **Hatton 114** fol. 201. Worcester, England, betw. 1064 & 1083.

nullo psequente. & ponam uobis cęlum
ferreum. & terram ęream. & erit in uacuu
uestur ura. Terra non dabit fructu suum.
& arbores agrorum non dabunt fructus suos.
Adducam uos gladiu. & trademini in manu
inimicorum urorum. & erit terra ura deserta
& ciuitates urę distructę. Et cum deserta
fuerit terra. ppt peccata popli. & ipsi qui
remanserint tabescentes pnuntiabunt pec
cata sua. & peccata patrum suorum. Qm nideṡ
pexerunt me. & precepta mea spreuerṫ.
tunc reuertetur cor incircuncisum eorum
& clamabt ad me. & memor ero testamti
prioris. & terra recipiet sabbata sua.
Haec sunt uerba quas misit dns ad filios
isrl. p manum moysi.

ĠALALEOFAN ƿEN BE
ᵹehƿylcan byrenan þǣr maᵹon paʃ
nian. ᵹif þe þa pillaþ fultumᵹan uƿe
dearfeð. spa uʃ dearf iʃ. Iʃ ræde ne
cunne þætleden unþerstanden hlyste
nu on englisc besuman ðæle hƿæt ðæt
leden cpeðe. Hec dicit dns. Sum pcepus

26. **Junius 121** fol. 60. Worcester, England, betw. 1064 & 1083.

mat̃. fide remansit ut etiā pene
Ex qb, id q aucritate fidei recesser.
Est ymeneus & alexander qs tradid
satane ut discant ñ blasphemare.
Alexander qdā fuit faber ęrarius. u
mens ad fide xpi. sed postea reuersi
ē ad apostasia sua q postea erat apu
athenā faciens ędes dianę. qñ do con
uert tota ciuitate c̄ ra aptm. un ipse
nepta sedā ad timotheū. Alexander
rius. multa mala m ostendit. Multi
fuer q a fide recesser. ex qb, r̃ symon
gul. & ymeneus. atq̄ alexander. q
uos tradidit apts diabolo ad uexandi
& puniendū. quos ad ōte a sidere
sẽt. et instigante. nom ōpıs blasfe
mabant. ne ali auderent similit fa
re. Nam tante potestatis erat apts.
tāq̄ gram habebat. ut recedente af
solo uerbo traderet eō diabolo.

OBSECRO IGĪ
p mū omnīu fieri obsecr
tiones. orationes. gr̃a
tiones. p ōmib, hominib, p regib,&
omib, q in sublimitate sunt. Bea
apts dirigens hec uerba timotheo
illo tradidit omib, epīs et pbris. or

27. **Add. D. 104** fol. 111ᵛ. Rome, Italy, 1067.

Offerat ut dō saluet quos gr̃a uoce   s_____.
Quisquis sitit ueniat cupiens auriȝe fluent   A_____.
Inueniat Latices feruntq; dulcia mell   A_____.

DAVID FILIVS IESSE CV̄ ESSET in regno suo quattuor elegit qui psalmos facerent. id est asaph. aeman. &zan. & idithun. Octuaginta ergo. viii. dicebant psalmos. & ducenti sub psalma. & citharā percutiebat abiuth. Cū dauid reduxisse arcā in hr̄l̄m post annos. xx. reuocata ab azotis & mansisset in domo aminadab. hanc imposuit in subiugali nouo & adduxit in hr̄l̄m electis uiris ex omni genere filiorz isr̄l septuaginta milia uiros De tribu aut leui electis cc. Lxxx viii milia uiros. ex quibus quattuor ele

(a)

test cantare nisi uos soli. qui estis primicie dō & agno. & in ore uro mendaciū non est. qui sine macula estis ante thronū agni. Obsecro uos beatissimi & gloriosissimi. ut intercedatis pro me corrupto & misero. Dn̄e ih̄u xp̄e. per eoru intercessionem miserere mei. ALIA. ORATIO._____

Sc̄i martires gloriosi qui fortes estis tristis incerta mine passionis. intercedite pro me indigno & miserrimo peccatore. ut possim in presenti sec̄lo cōfiteri ueracit peccata mea. & uera penitentia. de eisdem peccatis meis. Obsecro dn̄e ih̄u. ut per eoru intercessione misrearis mei. & dimitte michi om̄a peccata mea._____

OBSECRO TE DE SC̄O BENEDICTO._____
O beatissime benedicte dilecte dei intercede p̄ me

(b)

28. **D'Orville 45.** (*a*) fol. 19; (*b*) fol. 41. Moissac, France, 1067?

(a)

E INTER VARIAS VIRTUTES INTREPIDA STAT
Ecce modesta gravi stabat patientia vultu
Per medias immota acies varios que tumultus
Vulneraque et rigidis vitalia perusta pilis
Spectabat defixa oculos et lenta manebat

H IRA PATIENTIAM FURENDO PERCUTIT CONO
Hanc procul iratum ensi spumanti fervida rictu
Sanguinea intorquens suffuso lumina felle
Ut belli exortem teloque et voce lacessit
Inpatiens quem more conco... increpat ore
Hirsutas quatiens galeato vertice cristas

Graves dicimus hones-
tas ut ales. & e contra le-
ves incompositas inordina-
tas. pila dic da pectora
eius nuda. & patientia
erant ad vulnera capien-
da & obpbria sustinen-
da. Hoc pilu. & hec pila
dicimus. unde prim
pilus. ut primi pilaris
dr uexillarius. ille sa-
lic q primus signu ad
proelium portat.

tellitos oculos habebat
na ex felle pedict ira-
unde amarescit os homi-

(b)

A PRUDENTIUS.
A RMORU dominos venerantes flore iuventae
Inter castra patris genitos sub imagine ducta
Eductos exempla domi congesta calentes
O rector catus instigat ceu classica belli
Clangere et exacuitque animos et talia iactat
Si uobis uel parta uiri uictoria cordi est
Uel parienda dehinc templum dea uirgo sacrati
Obtineat uobis regnantibus; & quis amicus
Hostibus hanc uestro sancte negat ee colendam
Imperio cui semper adest quod laudibus impl&
Heu hubi legatus reddunt placidissima lingue
O rex ducum fanus quam sit uictoria dulcis
Fortibus ausonie uir facundissime lingue
Sed quibus illa modis quasi ratione uocanda
Nouimus hac primum pueros pater imbuit
Hanc genitore suo didicit puer ipse magistro
Honoris non farre mole uictoria felix

29. **Auct. F. 3. 6.** (a) fol. 93; (b) fol. 163ᵛ. England, before 1072.

30.

carmen suscipere uolu-
ptas supplicibus oculis
quiesce tnm di gemi-
cem expedimus. Et apud
te intercessionibus ad-
utimur; p eunde. Adest

Etpur sacratissima qui
super pependit pedem
cor ill. O quam dulce lignum
quam dulces claus. quam d-
ve ferens pondus. O qua p-
iosum lignum quam preciosu
gemma que expm inuentus p-

30. **Canon. Liturg. 277** fol. 65ᵛ.
Zadar, Yugoslavia, betw.
1072 (or 1091) & 1102.

De numero igitur fratris almi domino adiuuan
te dicaui. sed tamen modulum ingenioli
nostri sed tamen ex auctoritate maiorum col
lecta. primum nobis interrogandum est
unde primum hec ars que numerus uel
compotus dicitur iniciauit. Deinde
postea scire debemus ex qua radice sapi
entię numerus processit. Scimus enim
quod omnis sapientia siue diuina siue hu
mana philosophia nuncupatur. et
illa philosophia in tres partes diuiditur.
et pars philosophię que dicitur fisica
in quattuor partes diuisa uidetur; sic
etiam et aethica secunda pars philosophię
quattuor diuisiones habet. Tertia

temporis. et quomodo illę diuisio
nes maiores crescunt de minoribus.
De athomis etiam tractatum est.
De momentis. De minutis. De punctis.
De horis. De quadrante naturali.
De quadrante artificiali. De diebus.
De ebdomadibus. De mensibus lunaribus.
De mensibus solaribus. De ordine mensium.
De inuentione eorum. De numero mensium
apud antiquos romanos; deinde etiam interro
gandum ÷ exquo tempore menses inuentus et nuncu
pati et in quo numero dierum menses sint in sole et
luna hoc est in anno communi et embolismi et
in anno solari. et quomodo inter se dissentiunt
et conueniunt illi anni et qui sunt qui primi

(a)

Dignum mihi uidetur dicere. quid
anatholius de pascha senserit. et
ergo dicens in primo anno inicium
primi mensis. et reliqua. Hieronimus dicit.
Anatholius alexandrinus laodicię
siriae episcopus sub probo et caro impera
toribus floruit. mirę doctrinę uir
in arithmetica. geometrica. astrono
mia. rethorica. dialectica. grammatica.
Cuius ingenii magnitudinem de uolu
mine quod super pascha composuit. et
de .x. libris arithmeticę institutionis.
uix intelligere possumus. Eusebius dicit.
Anatholius laodiciae episcopus in doctrina
philosophorum plurimo sermone
celebratur. cc.xlviiii. a passione dni
sub primo anno Probi scripsit lxxii
in ordine scriptorum a petro. octauo
recursu nunc agitur circulus eius.
Oportuno tempore dominus iesus beati
tudinem festiuitatę paschę uoluit cele
brari. post autumni nebulam. post

Amicii. Mannilii. Seuerinus
Boetius. V.C. et inlex. Cons. ORD
Patricius. legi opusculum
MEVM
Superiori libri disputatione
digestum est. quemadmodum
tota inequalitatis substan
tia principe sui generis equali
tate processerit. Sed que rerum
elementa sunt. ex his de principalitér
omnia componunt. et in eadem
rursus resolutione facta sol
uuntur. Vt quem articularis
uocis elementa sunt. litterę ab eis
est sillabarum progressa coniunc
tio. et in easdem rursus termi
nantur. extremas eandem uim
optinet sonus in musicis. Iam
uero mundi corpora IIII. non
ignoramus efficere. Namque
ut ait ex umbri terra ani
ma gignuntur et igni.
Sed in hęc rursus. J.IIII.

(c)

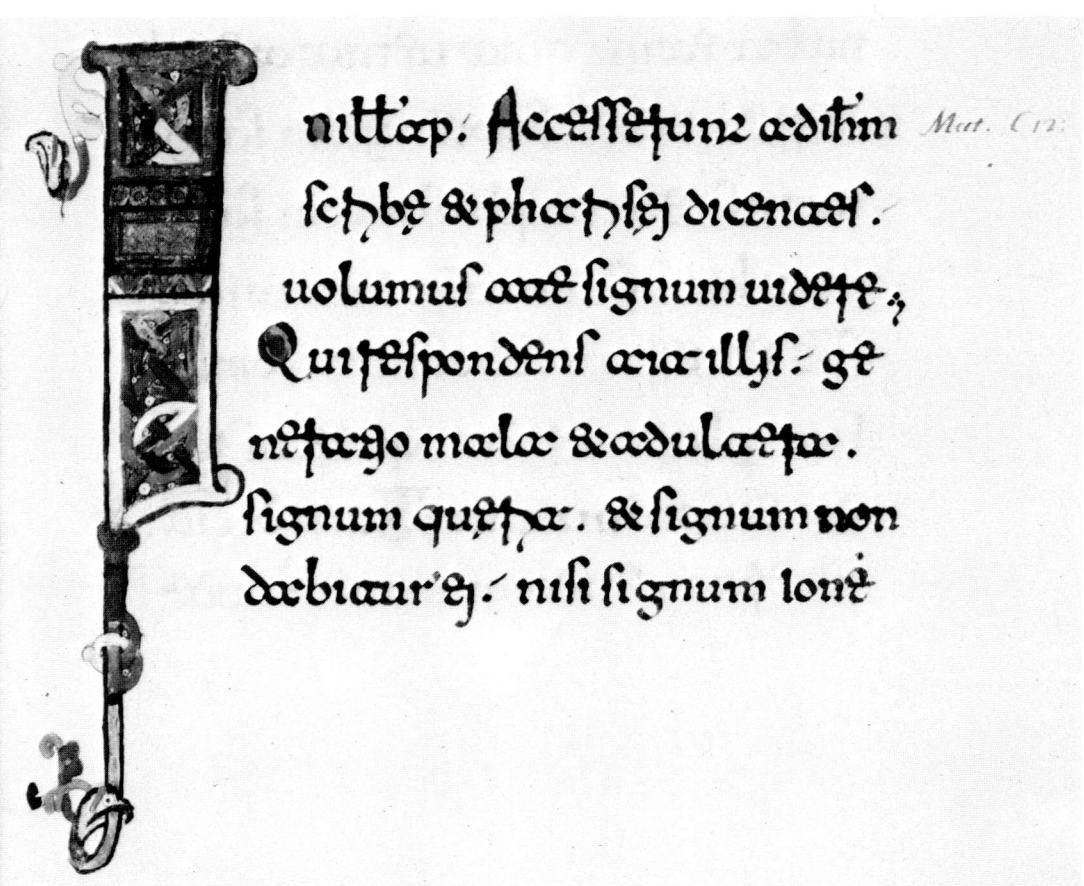

32. **Canon. Bibl. Lat. 61** fol. 31. Zadar, Yugoslavia, betw. 1081 & 1086.

33. **St John's College 17.** (*a*) fol. 51ᵛ; (*b*) fol. 60; (*c*) fol. 83. Ramsey?, England, betw. 1083 (or 1086?) & 1092.

xi. kł. aplis. Quartus ccurrentes septimane dies. que posite nono kł. aplis ppe dispendiu bissexta necessario. xxviii. annis implentur. Quaru ratio cogit ciclos decennouenales. xxvii. describit singule ccurrentes singulos ciclos inchoent. utaq; suma paschal calculi. DXXXII. annis explicet. Quintus ciclu lunare que. III. annis decennouennalis pcedit. xx. annis cum ipse cophensus. Sextus. xiiii. luna qua ueteres pascha faciebant. que a. xii. kł. ru apł. usq; in. xiiii. kł. ru mai uario discursu uagantes. tepus inscensionis ab. viii. idib; marti usq; i nonas aplis accipiunt A. xiiii. au luna usq; ad. xiii. anni segitas dies st. ccclIIII. si cõmunis anno. si embolus no. ccclxxxIIII. Septum dies dnici pasche reppiunt. ab. xi.

anno natiuitatis dni. hos partire p. vii. & remanent epacte solis. xviii.

Si uis scire quot sit anni circuli decennouennali sume an dni. & unu adiciens qp eide anno nat dni partire p. xix. & qp remanet ipse annus cicli decennouennali. xviiii.

Si uis scire quot ciclus lunaris sume an dni & duo subtrahens p. xix. & qp remanserit ipse annus circuli lunaris. xx.

Si uis nosse bissextale annu partire an dni. p. IIII. qntu remanserit tot st anni a bissexto. his q; ad certu inuenias facile die pasche lunaq; reples qp si a psenti p aliqt annos uerbi gra p. c. pascha scire uelis epactas tam & ccurrentes sol dies inuenire sufficiat. partire au c. p. xix. remanent. v. illas q; scito epactas

naturali historie ita describit. Manifestu solem intueniu lune occultari lunaq; ire obiectu ac uices reddi eosdé solis radios luna epostu suo auferente Itaq; lune de subeunte repentinas obduci tenebras. Rursuq; illi umbra hebetari. Neq; aliud ee. q ire umbria Statu aute atq; si menstrua sunt utriq; defectus ppe obliquitate signiferi. Luneq; multi uia pos ut dictu flexus ni sep i scrupulis partiu sequente sidium motu. Hec ratio mortales animos subduc in celu. Ac uelut inde ctern plantabus triu maximaru reru nature partu magnitudine detegit. N posse qppe tot sol admitti tris intercedente luna si tra maior eet. q luna. tria exitroq; uastitas solis apue Non sit necesse amplitudine ei octos argu

aestatisq; teporib; accidere solet discipulos xpi ob impitu sup resurrectione dni incipatos. Cu defectus solis nunq nisi ortu lune fieri soleat. Nulli aut dubiu pasche tepore luna fuisse plenissima. DE IIII CITVA LVNA
De effectiua lune potentia IPOTHSIA. xxviii. beat antistes ambrosi in libro. IIII. examerō ita comemorat. Similia de lune ratione eueniunt. q de e sorte ei ac sic memorauim? Si qde inud se induit ministeriu in qd & fr ut illuminet tenebras. foueat semina. augeat fruitus. Habet etiam pleraq; a sire distincta. ut que toto die calor humorem tre siccauerit. eundem exigue nocas tempore ros reponat. Ha & ipsa luna larga roris asseritur. Denuq; cu serenior nox

(a)
Impetigine aut. q̄ hereticoȝ figūt collectio-
ne. faciens se frequent in eccl̄e corp̄. et agit
liuore. puriƀ; amputatis. q̄ uerbo dī non
obędiunt. Cauda q̄dē amputata. q̄ bonum
q̄d incipit n̄ pficit. Testiculis q̄q; mutilati.
indicat eos q̄ cū uiri sunt corpe. turp̄tudinis
usu effeminant. his q̄ criminiƀ; inuoluti
a sacrificio d̄ni rep̄bant. nec fiunt consortes
passionis xp̄i. nec participes sc̄tificationis.
De manu alienigenȩ sī n̄ offerant panes. t̄ sup̄
sticiosā doctrinā hereticoȝ. uel studia sc̄lariū
litterarū. Reiectū eni huiusmodi sacrificiū ab
eccl̄a catholica. DE MAHS OHIB; FILIORV ISRL̄

(b)
multū ualent ad informatione moȝ utte p̄se-
psequentes. uirtute actiuā maxime comend.et
c̄athis genealogiā d̄ni ab abraha incipit enarrar
quia ab adolescentia homo incipit posse generar
Adolescentia aut generis humani ab abrahā incipit. Pueritia a Noe. in q̄ ętate lingua hebrea
uenta÷ ab heber. unde hebrea q̄ sī heberea. qua
te incipit homo loq̄. Infantia ab adā. qui dele
obluuio. sic ea diluuiū. XI. homines nomina
mathǝs excepto xp̄o in generationi serie. leconia
scilicz bis numerato. & q̄ si angulū faciente dū
a iudea babiloniā uadit. Sic xp̄s ad ḡs. Unde p̄
parāto dī dr̄. In generationiƀ; mathei significat ni
susceptio peccatoȝ. in luce abolitoȝ. Ideo eas ille
descendens enarrat. iste ascendens. Proinde ma
ab ipso dauid p̄ salomone descendit. in cuius ma

34. **Lat. th. d. 20.** (a) fol. 44ᵛ; (b) fol. 76. Normandy, France, 1091 or later.

caelestis. laudantiū d̄m & dicentiū
Gloria in altissimis d̄o. & in terra pax
hominibus bone uoluntatis.
SECUNDUM LUCAM.
In illo tempr̄. Postquam consūmati sunt
dies octo ut circumcider&ur puer.
uocatum est nom̄ eius IHC. Quod uocatum est ab angelo. prius quam in u-
tero conciperet̄ur.
SECUNDUM LUCAM.
In illo tempr̄. Post quam impletisunt
dies purgationis matris IHU sc̄dm legem
moȳsi. tuler̄ illū in hierusalem ut siste-
rent eū d̄no. sicut scriptū est in lege d̄ni
Quia omne masculinum adaperiens
uuluam. sc̄m d̄no uocabitur. Et ut da
rent hostiam sc̄m quod dictū÷ in lege
d̄ni. par turturum. aut duos pullos
columbarū. Et ecce homo erat in hierusalem. cui nomen symeon. Et homo
iste iustus & timoratus. expectans con-
solationē israhel. & sp̄s sc̄s erat in eo. Et
responsum acceperat a sp̄u sc̄o non ui

35. **Lat. liturg. f. 5** fol. 23ᵛ. England, before 1093.

36. **Rawl. B. 503** fol. 22ᵛ. Emly?, Ireland, 1093.

37. **e Mus. 112** p. 304. Bury St Edmunds, England, betw. 1108 & 1126.

38. **Jesus College 26** fol. 24. Cirencester?, England, betw. 1119 & 1124.

39. **Laud Misc. 636** fol. 83. Peterborough, England, 1121.

40. **Bodley 134** fol. 42. Rochester, England, not after 1123.

mo exasperat. hoc ut in uelut tua uenia dixerim reputato. q opus qd eruditis deberet iniungi. expetis ab in
EXPLICIT PROEMIV. INCIPIT OMELIA PRIMA /doceas:
TRACTATUS SCI IERONIMI IN LIBRO IESU NAVE.
DONAVIT DEVS NOMEN QVOD EST
SVP OMNE NOMEN. DNO ET SALVATORI NRO
IHU XPO. Est autem qd est sup omne nomen
IESVS. Quia est istud nomen sup omne
nomen: iccirco in nomine ihu omne genu
flectatur. celestiu. terrestriu. & infernor. Et

41. **Bodley 387** fol. 1ᵛ. Rochester, England, not after 1123.

42. **Worcester College 273**, recto. Rochester, England, not after 1123.

Scribere decreui. qa ludum fingere sueui:
P resbiteri cui studii sint teporis huius.
H inc ut honorent. bene si uiuendo merentur.
V el blasphementur: si p meruisse uidentur.
E rgo dicam. fore quales hos uideam.
S ordes mundat aq. descendit & ipsa cloacha.
H uic sr psbiri similes. q iure mederi:
C omendataru debent uicus animaru.
P roh pudor abstergt sordes. se stercore mergunt.
P urgant fetores. & fiunt sordidiores.
N on sr prbri merito. sr falso uideri:
Q ueri. ut decimis popli dicerr opimis.
A gnos lac. uellus partem 7 que germina uellus?
P rorsus habere uolunt. ut oportet uiuere nolunt.
Q ppe. sub hoc pacto. uiuunt ex lacte coacto.
F rucib; atq; nouis decimatis. piscib;. ouis.
Q ue cu reddunt. ōnuia magna parantur.
H ac in uitant. q reddere posse uidentur.
H i sr uicini. uicine. non peregrini.
S; parrochiani. resident ad pndia pmi.
H ic iocundant lenones. & iocul̄tur.
Et reddendo uices. simul accelerant mercedes.
Tales nōr cuiq presbiterorum:
Sunt. & pascunt decimis. inopes moriuntur.
Exptes haru quoq fuerant decimaru:
I uste; presbri sr nolunt his misereri:

42. **Bodley 561** fol. 87ᵛ. England, c.1124–1133.

44. Auct. F. 3. 14 fol. 148ᵛ. Malmesbury, England, before 1125.

45. Lincoln College Lat. 100 fol. 25. Malmesbury, England, shortly before *c.*1125?

46. Magdalen College Lat. 172 fol. 99. Malmesbury, England, soon after 1125.

47. Auct. F. 1. 9 fol. 99ᵛ. Worcester, England, after 1126.

…temptauerit· omia que hic pcedunt ne
cessario puenire· non dubitabit· hactenus
hec· Nunc u[ero] q[uonia]m hic temporis transit cum
planetarum cursu comparatur· de eis p[ri]mo
agendum est· DE TER[MINIS] ANNO-
RUM ARABUM·

A[N]NUS g[iste] arabum sc[un]d[u]m lune cursum
considrat[ur]· Id enim temp[us] annum uo-
cant· q[uo]d luna a solis coniunctione discedens
duodecies eum attingendo metit· q[uo]d ccc l-
iiii· dieb[us] continet· cum additione· s·
d[uarum]· vi· partis diei· Est aut[em] quinta & sexta
diei partes· xi· quarum· xxx· in die·
Si enim dies in· xxx· diuidat[ur] partes· erunt
earum· xi· toti[us] diei q[ui]nta [et] sexta· He ad-
ditiones dum medietas diei aut ea min[us]
fuerint· n[on] coputant[ur]· erit[que] ann[us]· ccclv·
dier[um]· Cum u[ero] medietate mai[us] expleb[un]t·
dies integer computabit[ur]· erit[que] an[nus]· vi·
ccc· & lv· dierum· dr[que] hic ann[us]·
lingua arabica· EL KEBICE· Est itaq[ue]
annus arabum h[o]c· xii[m]· in se menses
continens· quor[um] p[ri]m[us] d[icitu]r Almuharran
cherum· xxx· Sed [con]rafa[ru]s· dier[um]…

49. Corpus Christi College 157 p. 191. Worcester, England, not before 1131?

lxiiii· BEDA

QVIA non immerito mouet eos
q[uod] s[im]plicia tantu[m] monume[n]ta notur[nt]· q[uonia]m
factu[m] fuerit monume[n]ti d[omi]nici· oportunum
putam[us] sinplicit[er] que de illo loco coperimus
explicare· iuxta relatione[m] eo[rum] q[ui] n[ost]ra etate
ierosolimis fuere· q[uae] que ibi uiderunt· rede-
untes nob[is] scripta reliquer[unt]· Dom[us] q[uippe] rotunda
erat· excisa in petra tante altitudinis· ut
in medio staret· uix manu culm[en] tangere
posset· Habebat aute[m] introitu[m] ab oriente· cu[i]
lapis ille magn[us] appositus e[st]· Hanc ingredi-
entib[us]· erat ad extris ille locus q[ui] specialiter
d[omi]nici corporis receptui e[st]· parat[us] septe[m] q[ui]de[m]
pedu[m] long[us]· triu[m] u[ero] mensura palmoru[m] reliquo
pauimento eminentior· q[uod] n[on] uulgario more
sepulchror[um] desup[er]· s[ed] a latere meridiano p[er]totu[m]
factus e[st] patulus· unde corpus possit imponi·
& hoc e[st] q[uo]d euangelist[a] matt[heu]s dicit· q[ui]a intro-
euntes monume[n]tu[m] mulieres uiderunt iuue-
ne[m] sedente[m] in dextris· q[ui]a nimiru[m] ang[e]l[u]s qui
ad locu[m] d[omi]nici corporis sedebat· intrantib[us] erat
ad extris· s[ed] & ipse eide[m] loco sepulchri dexter
sedebat· Cuncta aute[m] hec continuata & n[on]
abinuice erant separata· ut pote in una ea-
de[m]q[ue] petra excisa· Tale q[ui]de[m] d[omi]nici monume[n]ti
p[ri]mo positione fuisse p[er]cepim[us]· at nc[unc] tradunt
eccl[esi]a[m] ibi e[sse] rotunda[m] eximii opis· triplici pa[rte]

48. Arch. Selden B. 16 fol. 73. Malmesbury, England, 1129.

…auusq[ue] ad ludouici colleg[am] haimo[nem] monach[um]
Eutropius flouacensis·
DNO VALENTI-
niano perpetuo au-
gusto eutropius·
Res romanas ex uo-
luntate mansuetudi-
nis tue· ab urbe condi-
ta ad n[ost]ra[m] memoria[m]· que in negotiis
uel bellicis uel ciuilibus emine[ba]nt·
pordinem temporum breui narra-
tione collegi strictim additis etiam
his que in principum uita egregia
extiterunt· ut tranquillitatis tue possit mens diuina letari prius se illustrium uirorum facta in administratio[n]e
im[per]io secuta[m]· quam cognosceret
lectione· INCIPIT LIBER· I· PAVLI
PAVLVS· EVTROPII DE GESTIS ROMANOR[UM]·
[P]RINUS INI-
talia ut q[ui]busda[m]
placet· regnauit…

repperisse· Q[ui]bus regnantibus quin-
g[en]ti anni referuntur euoluti·
Regnante tam[en] latino· qui latina[m] lingua[m]
correxit· & latinos de suo no[m]e appella-
uit· troia a grecis capta est· cu[m] apud
hebreos· labdon tercium sui p[ri]ncipat[us]
agerer annum· & apud assirios taute-
nes· apud egyptios thous regnaret· ex-
pletis a mundi p[ri]ncipio annis· iiii· xviii·
a diluuio annis mille· d[uobus]· cclxxxvii· a
natiuitate abraham· dcccc· xxxxv· que fuit xl
tercio anno nini regis assiriorum annis·
secccxxxv· a natiuitate moysi anno
ccccx· ante urbe aute[m] condita annis
cccciiii· ante piram quoq[ue] olimpiade[m]
annis· cccc vi· Capta igitur troia·
eneas ueneris & achise filius ad italia[m]
uenit· anno tercio post troie excidium·
cui turno dauniticor[um] regis filio di-
micans eum interemit· eiusq[ue] sponsa[m]
lauiniam latini regis filiam in coniu-
gium accepit· De cuius n[om]e laui-
num deinde…

(a)

...magna gestans edificia.

Damascus in capo posita, lato & amplo murorum ambitu & crebris munita turribus, quam magna .iiii. flumina inofluunt. Ubi dum xpiani sci baptiste Iohis ecclam frequentarent, saracenorum rex cum sua gente aliam instituit atque sacrauit. plurima extra muros in gyro oliueta. A thabor usque damascum est itinere .viii. dierum.

Alexandria ab occasu in ortum solis longa, ab austro ostiis nili angusta, ab aquilone lacu mareotico y cuius portus ceteris difficilior. Quasi ad formam humani corporis in capite ipso & statione capacior, in faucibus u angustior quam meatus maris accipit ac nauium. Qbus quedam spirandi subsidia portui subministrant. Ubi quis angustias atque ora portus euaserit, tamque reliqui corporis forma. Ita diffusio maris longe lateque extenditur. y In eiusdem dextra portus parua insula habetur in qua farus idem turris est maxima nocturno tempore flammarum facibus ardens, ne decepti tenebris nauige in scopulos incidant, & uestibuli limitem comprehendere nequeant. Quae & ipse sepe ingeritur fluctibus hinc inde collidentibus. portus u placidus semper. amplitudinem habet .xxx. stadiorum. y A parte egypti urbem intrantibus ad dexteram oc...

(b)

...gintia seu generationes decem.

A diluuio usque ad abraham secundum hebreos supputantur anni ducenti nonaginta duo. Que stima a sco augustino ceterisque senioribus propter nimiam sui breuitatem reculatur.

A diluuio quoque secundum hebreos cum adiectione euangeliste luce dicentis. qui fuit sale. qui fuit cainan. numerari possunt usque ad abraham anni quingenti uiginti duo. & generationes undecim. **A**b abraham usque ad dauid secundum hebreos supputantur anni nongenti quadraginta duo. generationes .xiiii. **A** dauid usque kt aplus antequam comburetur est templum mense augusto secundum hebreos sunt anni quadringenti septuaginta tres.

50. **Bodley 297.** (*a*) p. 69; (*b*) p. 145. Bury St Edmunds, England, betw. 1131 & 1134?

Domine deus in simplicitate cordis mei letus obtuli u-
niuersa & populum tuum qui repertus est uidi cum ingenti gaudio deus israhel custodi hanc uoluntatem. Co. Domus
mea domus orationis uocabitur dicit dominus mea omnis qui petit accipit & qui querit inuenit & pulsanti ape-
rietur. Benedicta sit In scā Trinitate:
sancta trinitas atque indiuisa unitas confi-
tebimur ei quia fecit nobis cum misericordiam suam. F. Benedicamus patrem & filium ao
spm̄ scm̄ laudemus & superexaltemus eum. Gr. Benedictus es
domine qui intueris ab-
yssos & sedes super cherubin. V. Benedictus es in throno regni tui & laudabilis in secula. Alleluia. V. Benedictus es
domine deus patrum nostrorum & laudabilis in secula.

(a)

Prā Qs ompc ds̄ ut n̄re Ascensionis diñ.
mentis intentio. quo sollempnitatis uenture
glōs auctor: ingressus est semp intendat: & quo
fide pgit conuersatione pueniat. Pc. Secr.
Sacrificium dn̄e q p filii tui supplices uenerabili quia pue-
nim n̄re ascensione deferim pia qs: ut & nos p ipsū his
comertiis sacsis ad celestia consurgam. P.T. Comp.
Tribue qs dn̄e: ut p hec sca que sumpsim illuc tendat
n̄re deuotionis affect quo tecū e n̄ra substantia. Ibi e x.
Concede In die Sco.
Qs ompc ds ut q hodierna die un-
genitū tuū redemptorē n̄rm ad celos a-
scendisse credim ipsi quoq sim in
celestib habitem Pc. Secr.
Suscipe dn̄e munera que p filii tui glōsa ascensione
deferim & concede p ipm ut ap sentib uictis liberem.

(b)

51. **Canon. Liturg. 354.** (*a*) fol. 39ᵛ; (*b*) fol. 92. Bavaria?, Germany, betw. 1131 & 1173.

regia corona quā sibi fecerat ut rex coronaret auro gemmis p̄tiosis redimita · 7 regali lancea
auro ꝑfulgida · insidiose tam̄ repta · indonum acceptabile imp̄atōie tradit excellentie ·
Quia repatrians · non multo post regnum cū uita amisit · Ludouic̄ rex francorum ob · cui filius suus
philippus successit · Mense decembri rex anglorum · S · angliam rediit · 7 in natiuitate dn̄i apud
Dunstapolam uillam quandā In Bedefordensi prouincia sitam · curiam suam tenuit ·

Romanorum · XCVIIII · Conradus nepos heinrici superioris   MCXL
qui habuit in impatrice filiam regis angloru̅ heinrici regnauit annis
Olim temporis gens quedam ab aquilonali parte ueniens · turingiam terram inco-
lendam penetrauit · Cuius terre incole · ut ipsius extere terre populis experirent · haud
modicam sui incolatus portionem illi concessere · Creuit populus q̄ multiplicat̄ est
nimis · Longo elapso tempore · debitam turingis abnegant deditionem · Qua de re cum armis
ire moris · eidem genti conuenit uterque · ut debitam exigat · 7 ꝑ soluat · Id sane semel 7 iterum
sine uulnere tam̄ agebat · Tertio sine armis abutraque sub pacis federe conuenire decernunt ·
Extereorum plurima multitudo sentiens imbecillitate turingorum · 7 nec consilio nec fortitudine bene regi terram illorum conueniunt · statuto die condicto placito se ingerunt · in cautelam
7 tutelam sui longos cultros inuaginatos in absconditu secum gerentes · Non in pacis consensu
sz in dissentione magna placitatum · Qua multis · Turingi uincunt · extera gens 7 extera triu-
phat · Nam longorum cultrorum iam euaginatorum exercitio · fit in turingos n̄ modica sanguinis effusio
Def̄ta 7 de cognatione sua turingi expelluntur incole ignominia · fere tota terra illorum cedit quibus ro-

52. **Corpus Christi College 157** p. 388. Worcester, England, betw. 1135 & 1143.

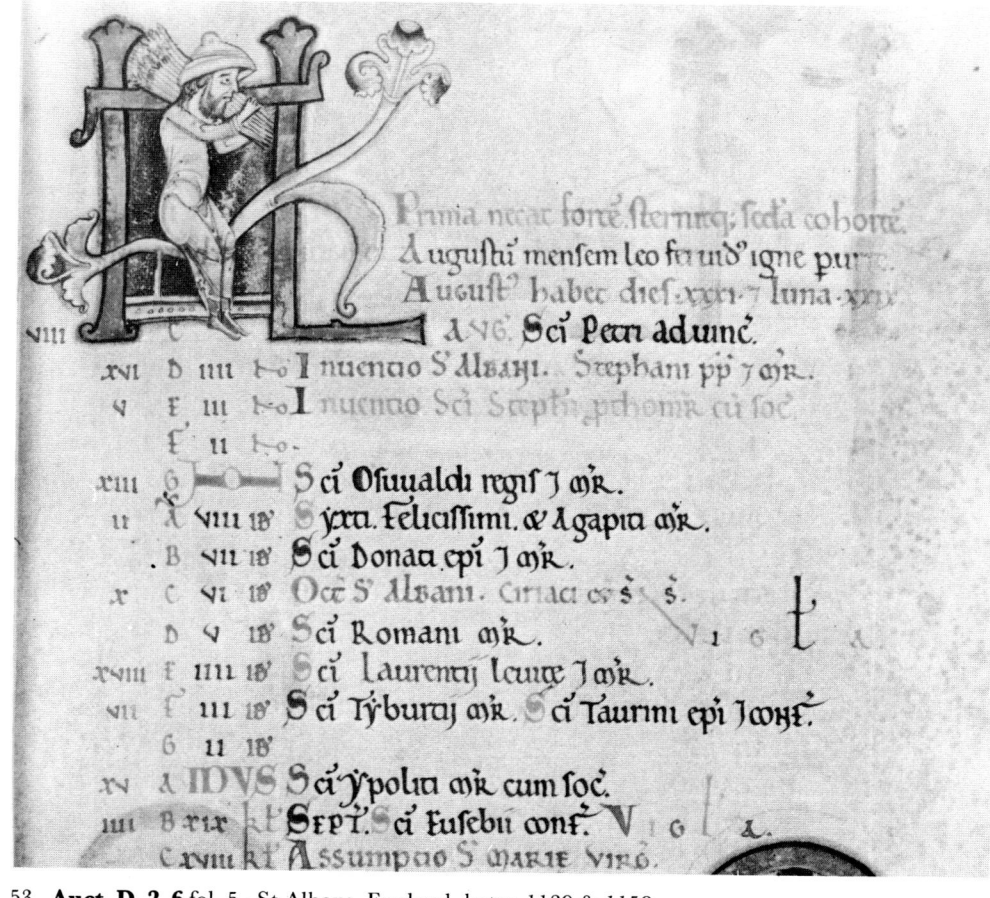

53. **Auct. D. 2. 6** fol. 5. St Albans, England, betw. 1139 & 1158.

calamitarū iudeis effectae. sumentes
semina belli subflore. quaobrē tpr
uespasiani uic. sicut p paululū refere
eos ex illa regione migrauit.

AVII·IOSEPHI·IVDAI
CANTIQTATIS·LIB
VIIII·EXPLIC.

CSVNT NXX· HISTORIARVO LI
IOSEPHI IVDAICE ANTIQVI
TIS.

I.

[Q]ueadmodū claudius cesar post agrippe morte

deberent ex his que fuerint gesta reddere rationē. & qua
quosdā iudeoz ipse puniuit.   XII.
Quia claudius audiens int eos iudeos quidē absoluit
a culpa. rogatus ab agrippa rege. cumanū iō ex ilio de
portauit. celere aūt millenariū. & samaritanoz prima
te & prime castigauit.   XIII.
Quia felix missus iuder. uinuenient puinciā a latronib.
nimis ad flicta plpex. ut illis int emptū pace tribuere
regioni. principē iō latronū eleazarū iunc tū cū eis ad
Quemadmodū claudio moriente nero successit. cesare. XIIII.
Qua ueniente egiptio malefico. & multis iudeoz ab eo se XV.
ductis. felix agressus eos multos occidit.   XVI.
Que ad modū primo iudeos. & siros in cesarea concertan
tes. felix ab internitione segregauit.   XVII.
Quomodo portio festo in iudea misso contigit puinciam
sicariorū commoueri.   XVIII.

INCIPIT LIBER
XX.

ORIENTE SIQVIDĒ
agrippa rege sicut in
libro pcedenti narrauu
mus. cesar claudius mi
sit successorē marso cas
sium longmū memorie
conferens hoc defunc
ti. a quo uiuente roga
tus fuerat. ne marsius s ne presideret.
fadus itaq, dū pfecture culmine in iude
am uenisset copit iudeos abitantes trans
fluuiū contra philadelphenos habentes in
tentionē p finibus uici cui nom est meas.
Et tunc illic armatoz plurimi congregati

resistere iudeoz. & abeis supplicii exorabant.
ut sinerent legationē ad claudiū destinari.
quatin ab eo peterent ut sacdotale ueste ha
berent inppa potestate. & ipsi sustinerent
donec claudii responsa pciperent. Illi uo ita
se hec pstare dixerit si eoz filii obsides pberent.
Quib. obedientib, filiosq damnib, legatis ū
missi. Cuq rome uenissent. audiens agrip
pa iuuenis deuncti filii causa aduent eoz
erat naq sic pdux· m· apud claudiū. cesari
supplicauit ut iudeis concederet. mittens
ad fadū sua scripta que de sacdotali ueste
poscebant.
Jocuns itaq. claudius legatos iudeoz
pmisit se concedere que petebant.
Iussitq ut agrippe grās dignus se
soluerent. cui pcib. hec eis uira donare.
Qua obrē huī modi ad fadū misit eptam.

54. **Canon. Pat. Lat. 148.** (*a*) fol. 99; (*b*) fol. 99ᵛ. Acquanegra?, Italy, 1145.

55. **Digby 40** fol. 7. England, after 1147.

57. **Jesus College 68** fol. 69ᵛ. Cirencester, England, betw. 1147 or 1168 & 1176.

56. **Jesus College 53** fol. 111ᵛ. Cirencester, England, betw. 1147 or 1168 & 1176.

OMVS DOMINI QVAM EDIFICAVIT rex salomon in iert'lm.in figura facta est sce̅ uniuersalis ec clie: que a p̅mo electo usq: ad ultimu̅ qui in fine mundi nascitur̅ est. cotidie p gr̅am di̅ & hoi̅um homo xp̅c ih̅c ipso attestante cum ait: soluite te̅ plu̅ hoc & in trib; dieb; excita bo illud. Q̅d exponens eu̅gl̅ista subiu̅xit: hoc aute̅ dicebat de templo corporis sui. dicit aute̅ apl̅s de nobis. Nescitis q̅a templu̅ dei estis. & sp̅s di̅ habi tat in uobis. Si g̅ ille templu̅ dei p assu̅ptam humanitate̅ factus e̅. & nos templu̅ di̅ p in habitante̅ sp̅m ei̅ in nobis ef ficiam̅. constat utiq: q̅a figura

58. Jesus College 52 fol. 79. Cirencester, England, betw. 1149 & 1176.

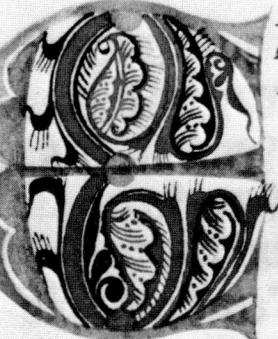

A POSTQVAM HEROHI HV̅I̅I̅ ata s̅t in acha ie partib; sciro. quo tragico̅y cantuu̅ medi tatione contenderat. ut de pluribz scenica̅ corona̅ refer ret. nesciat q̅ magis turpis utru̅ q̅d in scena i̅npator pditeret. an q̅d scena̅ suis fla gitiis impleret. q̅ turparet oresten canendo. & parrica dio rep̅sentareto: grauis eu̅ inuasit metus. n̅ illa ludo̅y similia. s; bello̅y suprema pa mescente: ut aliquando a thea trali u̅ uoluptatum obscem tate. & parricidalis animi furore respisceret. at; ad curas rei publice conuersus. ut se fremere̅ & deseruire̅

s coegit. Et talib; multis pa
s rabolis loquebatur eis uer
s bum. p ut poterant audire.
s Sine parabola aute̅ n̅ loque
s batur eis.

N̅on hoc dictu̅ est quasi nul lum aptum ad turbas sermo ne̅ fecerit. s; p solas parabo las locut̅ eis fuerit. uerum ita pot̅. quia nullus facile sermo eius inuenitur. in quo n̅ aliquid parabolarum sit intermixtum.

t Ait illis illa die: cu̅ sero esset factu̅. Iran seam̅ cont̅. Et dimitten s tes turba̅. assu̅pserunt eum s ita ut erat in naui. & alie na s ues erant cu̅ illo.

59. Jesus College 63 fol. 71ᵛ. Cirencester, England, betw. 1149 & 1176.

60. Jesus College 67 fol. 30ᵛ. Cirencester, England, betw. 1149 & 1176.

61. **Canon. Liturg. 297** fol. 123ᵛ. Schwarzach am Main, Germany, betw. *c.*1154 & 1173.

62. **Laud Misc. 636** fol. 88ᵛ. Peterborough, England, 1155?

¶ Primo peccator saluus fieri. q[uia] multa
patitur: quantum ad se g[ra]t[i]s. s[ed] quod
aluus rapitur soluit.

¶ Aq[ue]. i. turbe p[re]ualuerunt occide xp[istu]m.
In se transformat membra. quib[us] amarus est
transitus mortis. p[er] quem xp[ist]o coh[er]emus. ?
h[ab]; fel ? acetum. q[uo]d in passione d[omi]no datum e[st]. ut
clamaret. ne cedant iniquitati timore mortis.
ut era quam n[on] h[abe]nt mali quid ei[us] faciant.

¶ H[om]o limus e[st]. s[ed] cadendo ab iusticia p[ro]fundi e[st].
cui p[er]sequenti qui n[on] cedit. co[m]mutatur de limo in aurum. ¶ In limo. p[er] induc[ias] mi[seri]co[rdi]as.

¶ Sub[stant]ia d[ic]i[tu]r diuitie. ? e[st] non e[st] sub[stant]ia. i. ad paup[er]-
tatem uenit. un[de] post paup[er]t[atem] ? dol[or]. e[st]. S[ed] sub[stant]ia d[icit]r
illud quod e[st] queru[n]t. ul[?] f[ec]it q[uia] d[eu]s h[omi]ne[m] sub-
stantiam. s[ed] quia non in eo mansit s[ed] lapsus
est in iniquitate[m] que non e[st] sub[stant]ia s[ed] p[er]uersit[as]
hominis. non e[st] sub[stant]ia. In qua infix[us] e[st]. filius d[e]i.
quia in iniquitate eorum infixus e[st].

¶ Clamans laborat. si non auditur. n[on] laborat.
cui[us] uotum impletur.

¶ Causa. dum sp[iritualite]r p[re]stolor m[isericord]iam. non gero
potentiam.

¶ Multiplic[ati]. quod prius typice: nunc in re. super capit[is]. p[er] infinito. uel plures b[is] q[uam] sunt
ornatu.

¶ sedigo ?
mox ipsi.
quoniam intrauerunt aque.
¶ tentu
¶ tollendam.
usque ad animam meam. In-
erunt me.
¶ co[r]pore.
fixus sum in limo p[ro]fundi. &
¶ non mutat quod feci. ¶ q[uia] tercia ionas. a
¶ s[an]c[t]i. ¶ statui uit[e].
non e[st] substantia. Veni in
¶ t[em]po absorpt[?]. ¶ t[er]cia die euom[er]it.
¶ in qua non naufragabamur. ¶ sedigo. ch[rist]i
altitudinem maris. & tempe-
¶ maneret morte[m]. ¶ in
¶ t[er]cia imp[er]cus[?]. ¶ sap[ient]es n[on] recipiebat.
stas demersit me. Laboraui
¶ admonendo eos.
clamans. rauce facte sunt
¶ discipli desperauer[unt]. ? mor-
fauces mee. defecerunt ocli
tui[?]. ¶ sue ?
¶ abstinendo.
mei. d[um] spero in deum meu[m]. Mul-
¶ discipli cum eis. ¶ capillis capitis compar inimicos. In n[ume]ro rasi s[un]t. quando
tiplicati s[un]t sup[er] capillos capitis mei.
¶ sine causa. ¶? significa[n]-
tur noxii.
qui odunt me gratis. Con-

¶ Quartus p[salmu]s qui latus de
pass[ione] ? resurr[ecti]one.
¶ Xp[istu]s h[oc] loqu[itu]r. cap[ut] ? corp[us].
¶ Agitur de causa co[m]mu-
tationis. i. passione xp[ist]i.

¶ N[on] facit e[st]. de limo e[st]. s[ed]. n[on]
de p[ro]fundo. s[ed]. p[er] originalia
? cotidiana p[ec]c[at]a facti sunt
h[omi]nes limi p[ro]fundi. In tales
n[on] sub[stant]ia. qu[ia] n[on] ad[am] facit. s[ed] accessit. ¶ n[on] e[st] in sub[stant]ia. i. carne
carnis euadendi passione[m].
Veni. quia sponte. In alt[itudine]
p[ro]fundum mi[serico]r[di]am xp[ist]i.

¶ Laboraui. d[um] clamau[it].
ue uob[is] scribe ? pharisei.
ur rauces. quantu[m] ad illos.
quia non e[st] ab eis intellec-
tus.

¶ Oculi. ut oculi in una
duoru[m] n[on] agnosce[n]tiu[m].
quib[us] c[re]ta factum e[?]
erat tanta.

in caluaria crucifixus e[st].

63. **Bodley 862** fol. 87ᵛ. Worcester, England, before 1157.

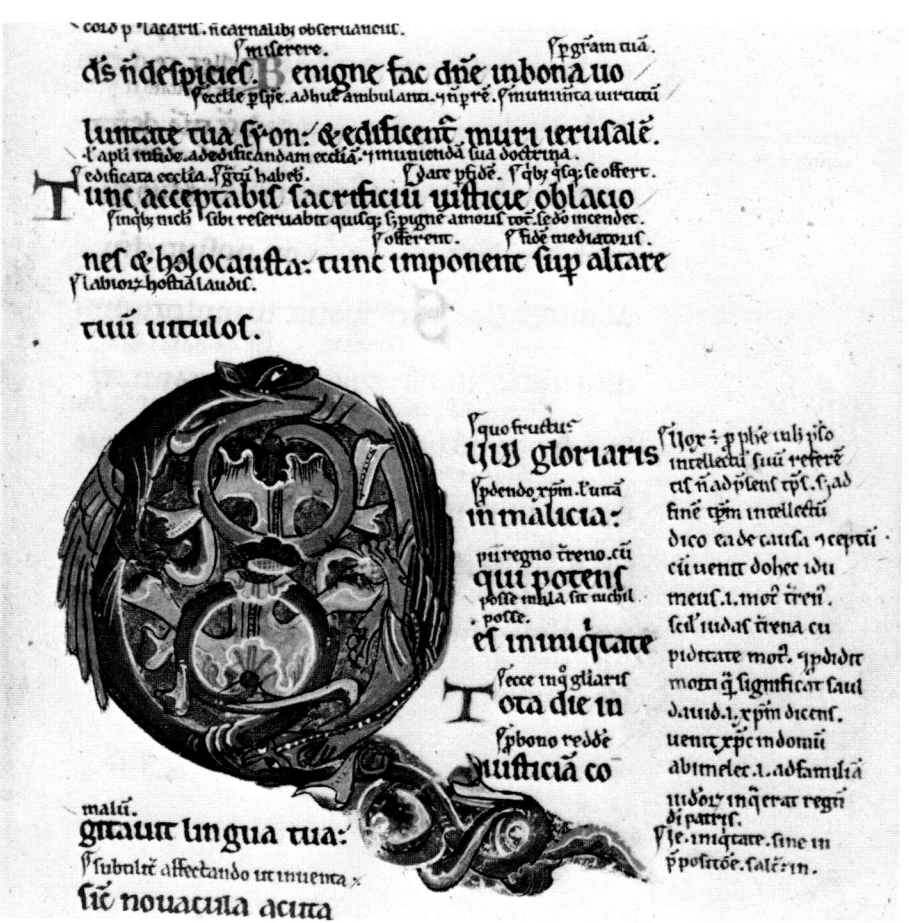

64. **Auct. D. 4. 6** fol. 47. Reading, England, betw. 1158 & 1164.

65. **St John's College 49** fol. 4. North France?, betw. 1158 & 1169.

66. **Lincoln College Lat. 63.** (*a*) fol. 6; (*b*) fol. 32; (*c*) fol. 139. Worksop, England, before 1161.

ASSUMPTIO SCE MARIE

D	xviii kl	
E	xvii kl	Oct Sci Laurentii mr.
F	xvi kl	Agapiti mr.
G	xv kl	Magni mr.
A	xiiii kl	
B	xiii kl	
C	xii kl	Oct Sce Marie. Timothei & Simphoriani mr.
D	xi kl	
E	x kl	Bartholomei apti.
F	viiii kl	Audoeni epi.
G	viii kl	Sci Gregorii archiepi
A	vii kl	Rufi mr.
B	vi kl	Augustini epi. Hermetis mr
C	v kl	Decollatio Sci Iohis baptiste. Sabine mr &
D	iiii kl	Felicis & Adaucti mr. Sci Theogildi archiepi

68. Add. C. 260 fol. 4ᵛ. Canterbury, England, before 1161 or 1173.

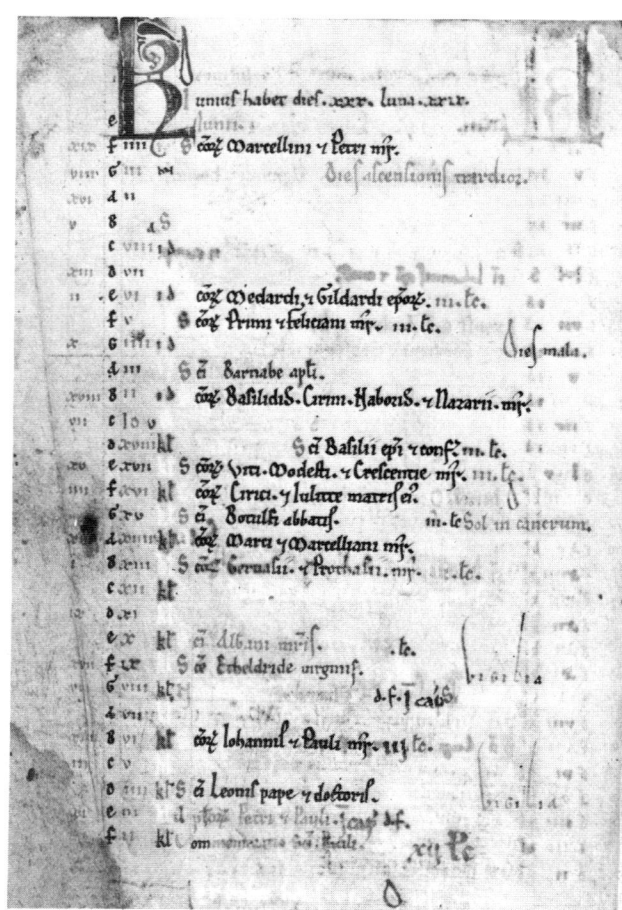

67. Corpus Christi College 134 fol. ixᵛ. Hexham, England, before 1161?

69. Rawl. liturg. c. 1 fol. 95. St Albans, England, before 1161 or 1173.

felicissimi: & agapiti natali
cia colere. da nobis in eterna
beatitudine de eor societate
gaudere. P dnm. SECRT.
Munera tue dne maiestati
oblata. scor martyrum tuor sixti. felicissimi
& agapiti qs interuentu nobis ad salutem proficere sentiamus eternam. P. POST cō.
Beatorum martyrum tuorum dne intercessione
placatus. pra qs. ut mysteria sca que temporali celebramus actione. ppetua

Prima dat augustum de fine secta p[ri]ustum.
Hanc leo p[er]stringit. sub signo uirginis illa est.

viii	a	C		Agusti. Aduincla S Petri. 7 Machabeor[um].	iij. lc.	✝
xvi	K	D	iiii	ñ	S c[an]ti Stephani pape 7 m[a]r.	iij. lc.
v	✗	E	iii	ñ	Inuentio S[an]c[t]i Stephani p[ro]tom[a]r.	ix. lc.
	τ	F	ii	ñ		
xiii	y	G	IDUS		S c[an]ti Oswaldi regis 7 m[a]r.	iij. lc.
ii	a	A	viii	id	S c[an]tor[um] Sixti. felicissimi. 7 Agapiti.	iij. lc.
	B	B	vii	id	S c[an]ti Donati ep[iscop]i.	iij. lc.
x	c	C	vi	id	S c[an]ti Cyriaci m[a]r. Sociorumq[ue] ei[us].	iij. lc.
	D	D	v	id	S c[an]ti Romani m[a]r. 7 mil[itis]. Vigilia	iij. lc.
xviii	E	E	iiii	id	S c[an]ti Laurentii archid[iaconi].	✝ xii. lc.
vii	F	F	iii	id	S c[an]ti Tiburtii m[a]r.	iij. lc.
	G	G	ii	id		
xv	h	A	IDUS		S c[an]ti Ypoliti m[a]r. Sociorumq[ue] ei[us].	iij. lc.
iiii	i	B	xix	kl	SEPTEMBER. S c[an]ti Eusebii conf[essoris]. Vigilia	iij. lc.
	k	c	xviii	kl	Assumptio S[an]c[t]e Marie	✝
xii	L	D	xvii	kl	S c[an]ti Arnulfi conf[essoris].	

70. **Auct. D. 2. 4** fol. ix. Hyde, England, betw. 1161 & 1173, or 1168?

71. **Auct. E. inf. 7** fol. 12. Paris, France, betw. 1164 & 1170.

73. **Digby 56** fol. 198. England or Wales, *c.*1164–1168.

72. **Bodley 345** fol. 95ᵛ. Paris?, France, betw. 1164 & 1170.   74. **Balliol College 36** fol. 18. France?, before 1166.

[col. 1 — Christ Church lat. 88, fol. 4]

...num diligere dnm: ipse sit pmu tuu. Dicat ...ma tua. Una petii a dno hanc requiram: ut ... habitem in domo dni p omnes dies uite meę: ... contempler delectatione dni. Noli timere: ... fastidio deficias. Talis erit illa delectacio pul... ...tudinis: ut semp t presens sit de nucqm sati... ...s. Si enim dixero qa n saciaberis fames erit: ...ixero qa saciaberis fastidiu timeo: ubi nec ...studiu erit nec fames. Qd dicā nescio: sj ds ha... ...t quod exhibeat n inuenientibj: qm dicante ...credentibj: qd accipiant: p eu qui uiuit de ...gnat in scła sccłor amen. Explicit omelia ...cia. Incipit quarta ab eo qd scriptu e de hoc ...stimonium iohis qndo miserunt iudei ad ...m ab ierosolimis sacerdotes de leuitas: usqj sup ... uideris spm descendente sicut columbam de ...mente sup eum: ipse e qui baptizat in spu ...cto de igne.

S[epissime] audiuit sanctitas ura de optime nostis: qm iohs bapti... ...sta qnto pclarior erat innatis mulieru: et qnto humilior ad cognoscendu dnm: tanto meru... ...e amicus sponsi. zelans ii s n suu honore q... ...s: sj iudicii sui. qm tanqm pco pibat. Itaqj ...his pcedentibj: pnunciare de xpo futura con... ...um e: hunc aute digito ostende. Sic enim ...orabat. xpc ab hiis qui pphis n crediderant ...tqm uenirct: sic ab eis ignorabat de psens.

75. Christ Church lat. 88 fol. 4. Buildwas, England, 1167.

[col. 2 — Auct. E. inf. 1, fol. 196v]

in die qua ascendit de terra egipti. Et dices in die illa.

XIIII.

C[o]nfitebor tibi domine qin iratus es michi: conuersus est furor tuus & consolatus es me. Ecce deus saluator meus: fiducialiter agam & non timebo. Quia fortitudo mea & laus mea dominus ds: & factus est michi in salutem. Haurietis aquas in gaudio de fontibj saluatoris: & dicetis in illa die. Confitemini domino. & inuocate nomen eius. Notas facite in populis adinuentiones eius: memento te qin excelsum est nomen eius. Cantate domino quoniam magnifice fecit: annuntiate hoc in uniuersa terra. Exulta & lauda habitatio syon: quia magnus in medio tui sanctus israel.

XV.

ONUS BABILONIS QD VIDIT YSAIAS FIL' AMOS

S[uper] MONTEM CALIGOSVM LEVATE signum. exaltate uocem: leuate manum. & ingrediantur portas duces. Ego mandaui sanctificatis meis. & uocaui fortes meos in ira mea: exultantes in gła mea. Vox multitudinis in mon...

76. Auct. E. inf. 1 fol. 196ᵛ. St Albans, England, before 1171.

77. **Rawl. Q. f. 8** fol. 18. England, betw. 1171 & 1177?

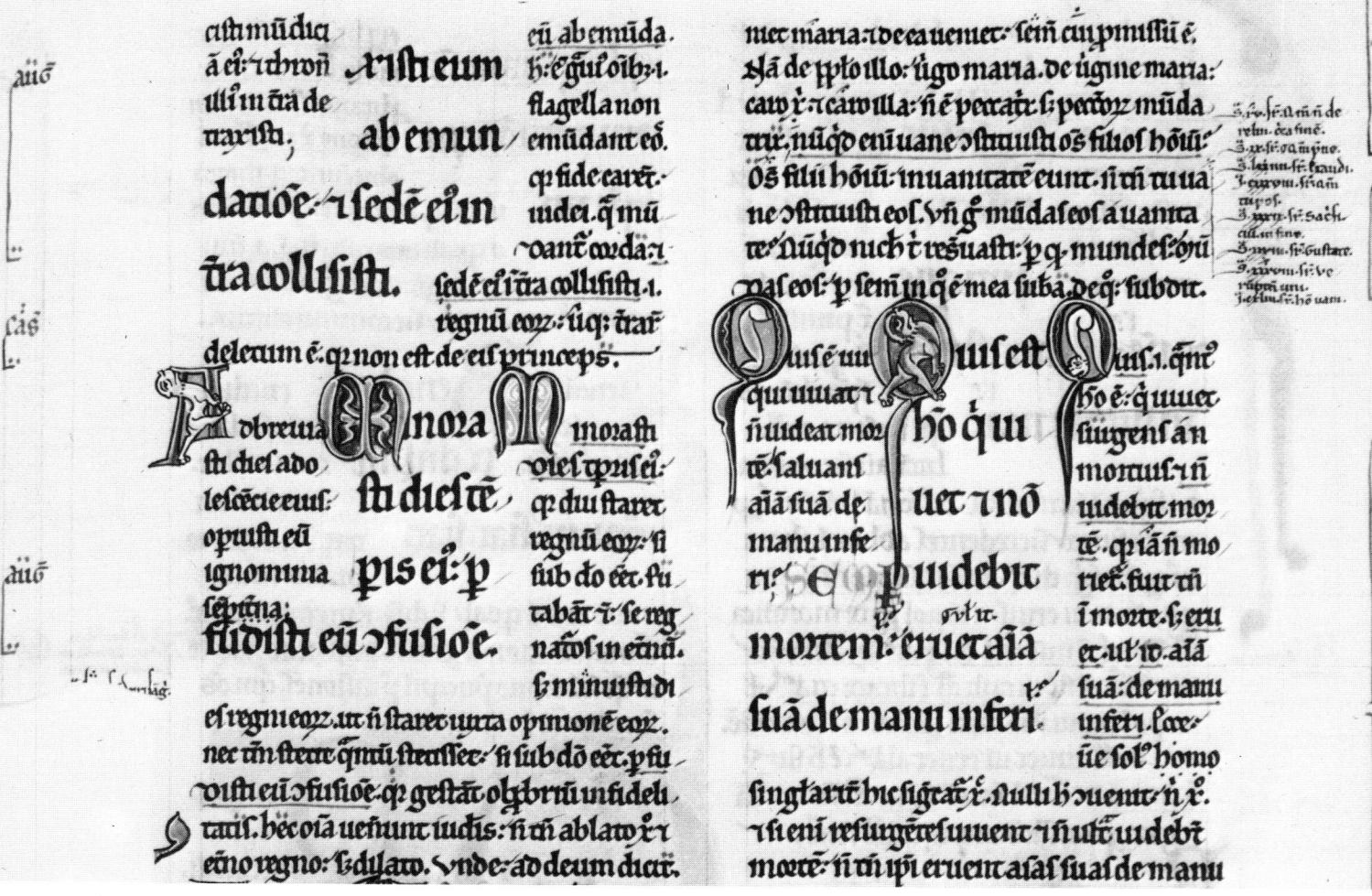

78. **Auct. E. inf. 6** fol. 36. Paris?, France, betw. 1173 & 1176.

79. **Canon. Liturg. 325** fol. 160ᵛ. Hirsau?, Germany, betw. 1173 & 1200.

80. **Bodley 509** fol. 103. England, after 1173 or after *c.*1176.

81. **Douce 287** fol. 43. Lessness?, England, after 1176.

(a) (b)

82. **e Mus. 249.** (*a*) fol. 9; (*b*) fol. 90. London, England, *c.*1177.

83. **Digby 40** fol. 50. England, betw. 1177 & 1182.

84. **Canon. Bibl. Lat. 60** fol. 41. Ranshofen, Austria, 1178 or before.

85. Laud Misc. 633 fol. 39ᵛ. Pöhlde, Germany, c.1182.

86. Bodley 423 fol. 91. Canterbury?, England, after 1185.

87. Barlow 6 fol. 119. Malmesbury, England, betw. 1187 & 1205.

88. **Balliol College 256** fol. 148ᵛ. England?, before 1191.

89. **Tanner 169*** p. 91. Chester, England, 1192–1193?

90. **Bodley 672** fol. 121. Chester, England, 1194?

eos in tabernaculo tuo : a contradictione li
guarum. Benedictus dominus : qm mirifi
cauit misericordiam suam michi. in ciuitate mu
nita. Ego autem dixi in excessu mentis mee :
proiectus sum a facie oculorum tuorum. Ideo
exaudisti uocem orationis mee : dum cla
marem ad te. Diligite dnm omnes sancti ei :
qm ueritatem requiret dominus. et retribu
et habundanter facientibz superbiam. Viri
liter agite et confortetur cor urm : omnes q
speratis in domino.
eati quorum remisse sunt iniquita
tes : et quorum tecta sunt pecca. B
atus uir cui n imputauit dominus peccatu :
nec e in spu eius dolus. Qm tacui inueterа

91. **Lat. liturg. e. 1** fol. 31. Hildesheim?, Germany, after 1194.

(a)

92. **Christ Church fr. 341.** (a) fol. x; (b) fol. xi. Eynsham, England, 1196 or 1197.

93. **Rawl. C. 819** fol. 107. 'Rem.', France, 1199.

uidistis eum ascenden-
tem ince— lum ae———— via.
y. Cumque intuerentur in
ce— lum eun— tem illum ecce duo ui-
ri astiterunt iuxta illos inuestibus albis qui et
dixe——— runt. co. Pater cum essem cum
e is ego seruabam eos quos dedisti michi a-
e— y ia nunc autem adte uenio non rogo
ut tollas eos de mundo sed ut serues eos a malo
ae y ia ae— v ia. In die sancto. uuuu

VIRI Galilei
quid admira— mi— ni as-
picientes incelum ae— v-
ia quemadmodum uidis-
tis eum ascendentem in
celum ita ueniet ae v ia ae v ia ae— v-
ia. y. Omnes gentes plaudite manib; iubilate
deo inuoce exultationis. e v o v a e

94. **Canon. Liturg. 340** fol. 89ᵛ. Moggio, Italy, betw. 1200 & 1216?

infirmoʒ · sub portario ł portario · sit uc affuit · cau
sa officij sui · Seruitores ū p̄ refectionē cantantes
mīs mei dr̄s usum ibidem ɔpleant. nullo tp̄r se p̄
sternentes · Dein intrent dormitoriū · Porro cella
rius referat scutellas seruitoʒ in coquinā · ne p̄ nonā
ā frib; in refectorio inueniant. Mox cp̄ ut expedit
fuit · collocet se in dormitorio sic et alij · facto uero
ad surgendū · coci festinent pare aquā in lauatorio
ad lauandū · r̄ in refectorio ad potandū · Ceteri
ū ı̄pati r̄ man' abluti; · aut intrent choʒ · aut se
deant in claustro dū signū pulsetur ·:·

Icta nona eant in refectoriū De bibe p̄ nonam. lxxxvi
p̄euntib; iunioribus co ordine q̄ stant in choro
bini r̄ bini incedentes · Prior ū sequat̄ solus abscen

95. **Add. A. 197** fol. 64. Italy, betw. 1203 & 1218.

tus eternam multa signa fecit. et no
men ipsius ab omnib; credentibus
magnificetur. meū. Cui est honor
et gloria in scl̄a seculorum. Amen.
Passio scōʒ martirū lucie r̄ gem.

IMPERANTE
dioclitiano octies. et maxi
miano septies in urbe roma
anno tertio decimo imperij
eoʒ. seua p̄secutio aduenit.
ita ut non cuntas n̄ uicus.
ñ habitatio remaneret. ubi
idolum iouis n̄ erigeretur.
Edicto p̄posito. ut qui inuentus
esset nominare xp̄m dr̄m. diuer
sis penis interficeretur. Erat aut
beata lucia p̄manens in uiduita
te sua annis. xxxvi. Erant autē
oms anni uite eius. lxxvi. Au
diens autem sc̄a lucia impium

96. **Canon. Misc. 230** fol. 204. Veneto?, Italy, 1204.

tue: œ campi tui replebūt ubertate.
Pinguescent speciosa deserti: œ excul
tacione colles accingentur.
Induti sunt arietes ouium: œ ualles
habundabunt frumēto: clamabū
œ enim hy mnum dicent.
Iubilate deo omnis terra:
psalmum dicite nomini eius:
date gloriam laudi eius.
Dicite deo quam terribilia sunt
opa tua domine: in multitudine
uirtutis tue mētiēt̄ inimici tui.
Omnis terra adoret te: r̄ psallat t̄:
psalmum dicat nomini tuo.
Venite r̄ uidete opa dei: terribilis in
consilijs sup̄ filios hominum.
Qui conuertit mare in aridam: in
flumine p̄transibunt pede: ibi leta
bimur in ipso.
Qui dom̄inatur in uirtute sua in ē

97. **e Mus. 185** fol. 68. England, 1208?

98. **Lat. liturg. f. 1** fols. 262ᵛ–3. France, *c*.1219.

99. **Douce 270** fol. 94. Durham, England, 1225–1226?

100. **Laud Misc. 646.** (a) fol. 11; (b) fol. 109. North Italy, 1228

101. **Canon. Liturg. 346** fol. 148. Dioc. of Udine, Italy, c.1228.

102. **Hatton 26** fol. 212ᵛ. England, 1234.

103. **Lat. th. e. 5.** (*a*) fol. 54ᵛ; (*b*) fol. 85. Bredelar, Germany, 1238.

105. **Lat. th. b. 4** fol. 145ᵛ. Bologna?, Italy, 1241.

104. **Savile 21** fol. 175. England, betw. 1240 & 1248.

106. **St Edmund Hall Kk. 60,** front pastedown, verso. England?, 1244.

107. **Wadham College 1** fol. 400ᵛ. Paris, France, 1244.

108. **Savile 22** fol. 8. England?, c.1250–1252.

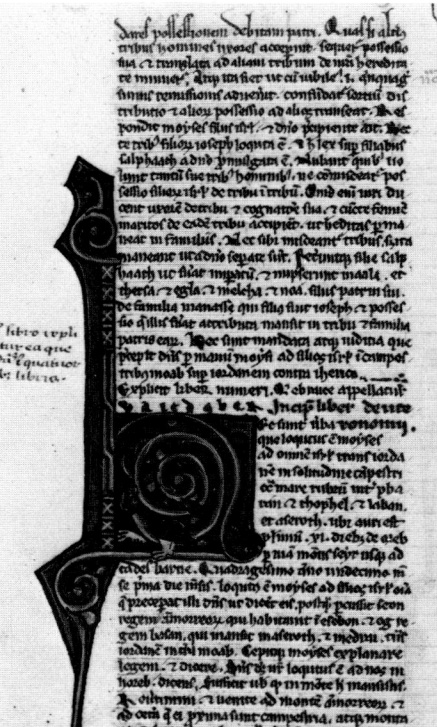

109. **Lat. bib. f. 3** fol. 51ᵛ. France?, 1254.

110. **Douce 180** fol. 71. England, betw. 1254 & 1272.

111. **Lat. liturg. f. 26** fol. 57ᵛ. Cornwall, England, *c.*1255–1260.

112. **Add. C. 142** fol. 61. South France?, 1260.

113. **Laud Misc. 605** fol. 55. France, 1260.

114. **Douce 137** fol. 98ᵛ. England, *c*.1260.

115. **Douce 132** fol. 13. Oxford, England, betw. *c*.1260 & 1270.

116. **Bodley 91** fol. 105. Hyde Abbey, England, *c.*1264.

117. **Canon. Bibl. Lat. 56** fol. 105ᵛ. Cremona?, Italy, 1265.   118. **Laud Misc. 750** fol. 5. Glastonbury, England, *c.*1265.

119. **Ashmole 341** fol. 62ᵛ. Paris, France?, betw. 1265 & 1277.

120. **Canon. Liturg. 370** fol. 46ᵛ. Padua, Italy, 1266.

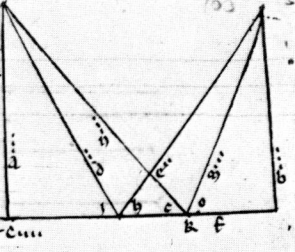
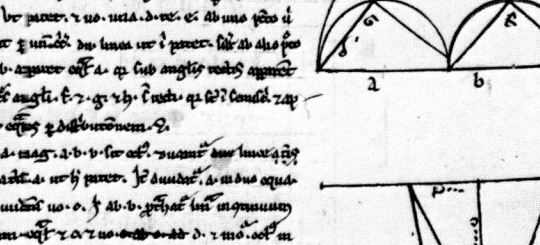
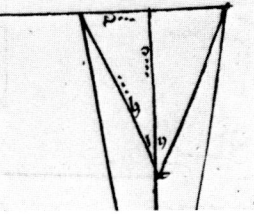

121. **Corpus Christi College 283.** (a) fol. 157; (b) fol. 165. Paris, France?, betw. 1266 & 1277.

Et huic erat soror: nomine maria

thalamū. Pfecto fes-
tiuitas hec sicuti ꞇ ū-
go incōpabilis ē ce-
teris uirginibꝫ: ita in-
cōpabilis ē omniū
sctōꝝ festiuitatibꝫ: ꞇ ad-
mirandi ꞇ uirtutibꝫ
anglicis. Sec[un]d[u]m lucā.
In illo tempe: Intrauit
ihc in quoddā castel-
lum: ꞇ mulier quedā
martha nomine exce-
pit illū in domū suā. ꞇ
et ꞃ. Om[elia] ven[erabilis] b[ede]. bede.
Ueniste dno di-
lecte sorores. du-
as uitas sp[irit]uales. quibꝰ
in p[re]senti scā exercetur
ecclia designantr: mar-

amore suspirant. Acti-
ua enī uita ē: panē esu-
rienti tribuere. ū[er]bo sa-
pientie nescientē docere
errante corrigere. ad hu-
militatis uiam sup[er]bi-
em, p[r]imū reuocare. in-
firmantis curā gerere: q[uid]
singulis quibꝫ expediā[t]
dispensare. ꞇ c[om]missis
nobis qualit[er] subsistere
ualeant u[ide]re. Con- pro
templatiua uero uita ē: caritate dei ꞇ p[ro]ximi mente
retine: s[ed] ab exteriori ac-
tioni quiescere: soli de-
siderio cōditoris inherere
ut nil iā ag[er]e libeat. sed
calcatis curis omnibꝫ ad

123. **Add. E. 14 (R),** recto.
England, soon after 1272.

124. **Broxbourne 112. 3,** recto.
England, soon after 1272?

125. **Digby 86** fol. 183ᵛ. Dioc. of Worcester, England, betw. 1272 & 1282.

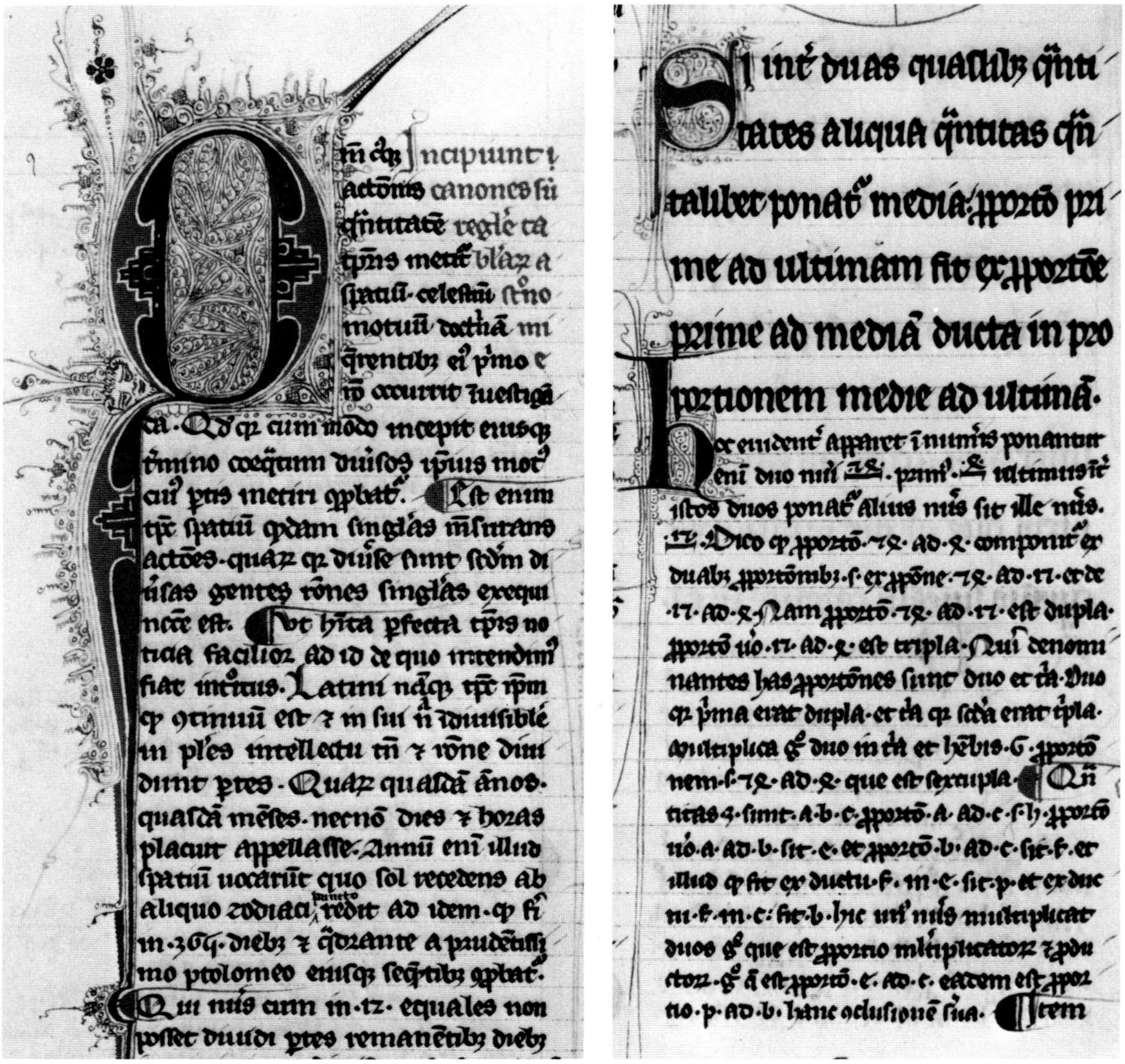

126. **Laud Misc. 644.** (*a*) fol. 16; (*b*) fol. 102. Dioc. of Bayeux, France, 1273–1274?

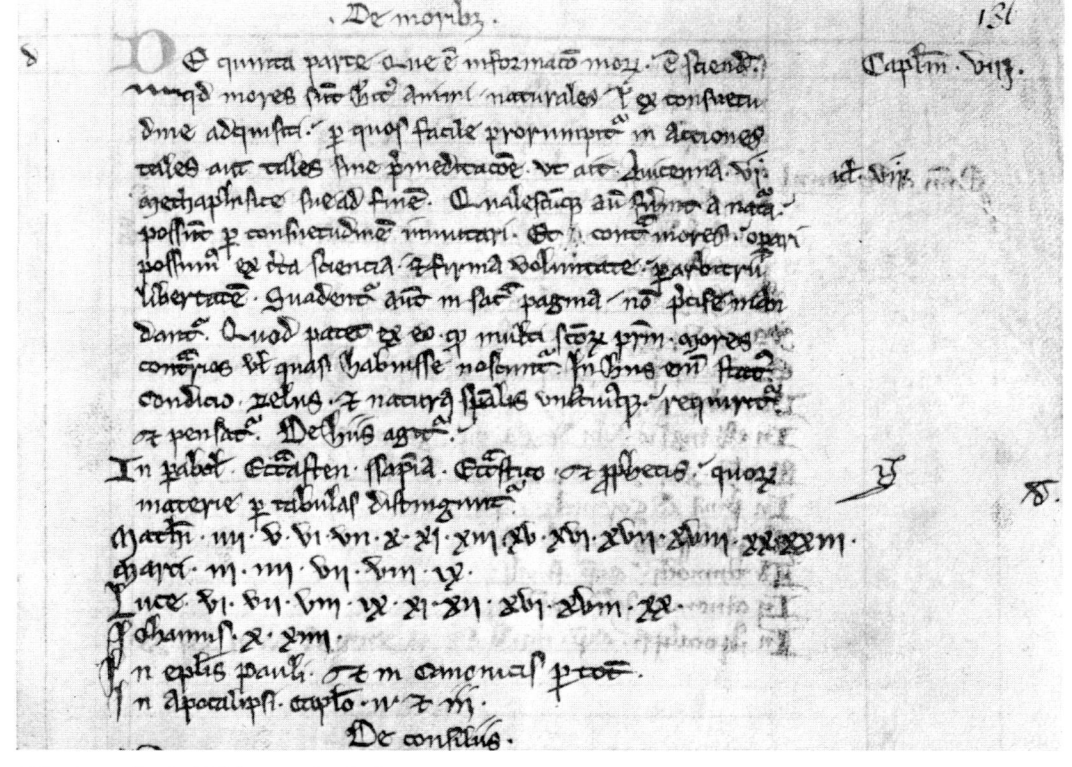

127. **Auct. D. 4. 13** fol. 136. Corfe Castle, England, 1276.

129. **Digby 2** fol. 22. Oxford?, England, 1282.

128. **All Souls College 69** fol. 105. England?, 1280.

130. **Bodley 917** fol. 53. Gascony?, France, betw. 1283 & c.1294.

131. **Balliol College 119** fol. 71. England?, betw. 1286 (or c.1290) & 1296.

132. **Laud Misc. 95** fol. 419. St Denis, France, 1288.

133. **Exeter College 69** fol. 31ᵛ. France?, 1288.

(a)

abbes diligent' caueat' ne tp̄e cap̄. ḡ. pueros
aliqm̄ introducat' tr̄sgressores ueniā petāt'
ī cap̄. ad ip̄i' cap̄ arbitrū puniēd̄i. exceptis ill'
q̄ p̄usos n̄ hn̄t. ul' quoꝝ p̄usi īfirmī ī uia cap̄li
remanebūt. Quicūq; uo ex eis aliq̄d fecerit uñ
ordini scād̄alū oriat' ab ordis fruitio p̄petuo ex
cludat'. Quicūq; exies recess̄it ab aliq̄ domo
n̄ri ordis. n̄ ueniat cū litt'is testimonialib; ill'
albis a quo recess̄it ī altius dom' fruitio m̄e
admittat'. Ð Albib; remanētib; a. ē. ḡ. cap. iij.

Turpis ē pax q̄ suo n̄o p̄gruit uniuso.

Albes ig̕ q̄ eo ān̄o q̄ d̄bet ad cap̄. n̄o ueniūt

(b)

sare. ꝛ sic ul' quocūq; m̄o face sasma ī ordiē ul' p̄tuma
cat' excitāe seu p̄cutāe p̄sumpsit ul' facientib; p̄sensit'
ā d̄o ꝛ ab ordie anathema s̄t. ꝛ si abbas fuerit d̄ponat'.
si monach' ul' p̄usus sine sp̄e reuisionis a domo ip̄a emit
tatur. Ea uo q̄ aliū cōgrue ēminari n̄o potuerut' ī ḡe.
cap̄. p̄ponat' ꝛ q̄ p idem cap̄ fuerit ordinatū irrefraga
bilit' teneat'. De casib; in quib; Abbes ordis non
possunt dispensare. sine auct'. cap̄. ē. Et in q̄b;
dispensare possūt. C. iiij.

Fidelis suius ꝛ p̄udēs ē d̄bet sum̄ pa̅t familias
dispensator'. Abbes g̕ ī his casib; nullaten' absol
uēe ul' dispensare p̄sumat' sine auct'. ḡ. ḡe. vidlic;

(c)

r' ip̄i legat' l' īmauuicentia faciāt' s̄ legi. Ġ b neglex̣it' t̄
dieb; uno eoꝝ ip̄a. ꝛ a. pena sustineat' leuis culpe. Vi
sitatores uo q̄s cōq; m̄acuti h̄ui' īueniūt t̄nsgressores, albib;
d̄uūtiēt' ut c̄etis īfligat' p̄ag̃edā pena a cap̄ diffinitā.
Et saciō, q̄ n̄ ē intētio. ē. ḡ. p t̄nsgressioē diffinitōnū,
q̄lib; p̄missaꝝ. ad cl'pā i̅ p̄ceptus īueniāt'. s̄ ad pena
tm̄ p̄sonas oēs obligāe.

Expliciunt diffoēs. cap̄li. ḡ. p̄ulate. d̄ce l̄xxviij.

i.   iij.   v.   vij.
Ordinat. Indulget. Fundat. Sacrat. Canit. Vnit.
    vij.   viij.   x.   xj.
Corrigit. ac vilit. Opat'. Iter. Recipit q̄
    xij.   xiij.   xiiij.
Detrahit. ꝛ Victum. Confos' ꝛ Moniales :—

134. **Add. B. 62.** (a) fol. 30; (b) fol. 37; (c) fol. 67ᵛ. Italy, 1288.

Priamus Alexandrum in greciam misit ipsumque rogare ut esionam sororem ei reddat et satisfiat troianis quod si negarent comminatio a se nuncium mittat ut experiri possit in greciam mittere. Et rex insulam cytheream accederet. Menelaus ad nestorem ut prefuisset alexandro in ume occurrit et mirabatur regiam essem este quo rederet ut oceret aspexerit se in use uter ipsoque iret. Castor et pollux ierarut et sed hermione nepte suam helene filiam adduxerant. Argis iunonis dies festus erat huis dieli, quibus alexander insula cytherea uenit ii fa ueius erat. Alexander sacrificauit hii qui in nulsit erant mirat...

De noibus omnium abbatum qui prefuerunt successiue monasterio Oseneye a prima fundatione eiusdem monasterii usque ad annum dni. m. cc. lxx. octauum. et per quantum tempus prefuerunt.

Anno dni. m. c. xxix. Regnante anglie rege henrico filio regis Willi le bastard. 2º iuramentis anglie sub papa honorio. Robertus de Oyli secus tuit stablari eiusdem regis henrici primi. ecclesiam de Osen. fundauit in honore beate genetricis marie et ea canonicos regulares ordinis sci augustini instituit. Prefuit autem eidem monasterio non abbas sed prior nomine Radulphus. primus eidem loci rector annis. ix. et mensibus quinque.

Anno dni. m. c. xxxiiii. iii. kl. Iunii. Ob. Rad. primus prior Osen. Successit ei magister W. y god. qui prefuit annis. xxx. et mensibus. iiii. scil. annis. xv. et mensibus. vii. in dignitate prioratus. postea promotus in abbatem. Iste fuit primus abbas Osen.

Anno dni. m. c. lxviii. vi. nonas octobris. Ob. abbas...

135. **Rawl. C. 939** fol. 164ᵛ. Osney, England, betw. 1288 & 1297.

---

exterminabitur. Et si quidem longe uite erunt. in nichilum computabuntur: et sine honore erit nouissima senectus illorum. Et si celerius defuncti fuerint. non habebunt spem: nec in die agnitionis allocutio firmamentum collocabunt. Et si in ramis in tempore germinauerint. infirmiter posite a uento commouebitur: et a nimietate uento eradicabuntur. Confringentur enim rami inconsummati: et fructus illo...

136. **New College 5** fol. 44. Troyes, France, 1290.

139. **Bodley Rolls 3,** recto. England, betw. 1292 & 1307.

137. **Bodley 406** fol. 155. England, 1291.

138. **Ashmole 399** fol. 30. England, *c.*1292.

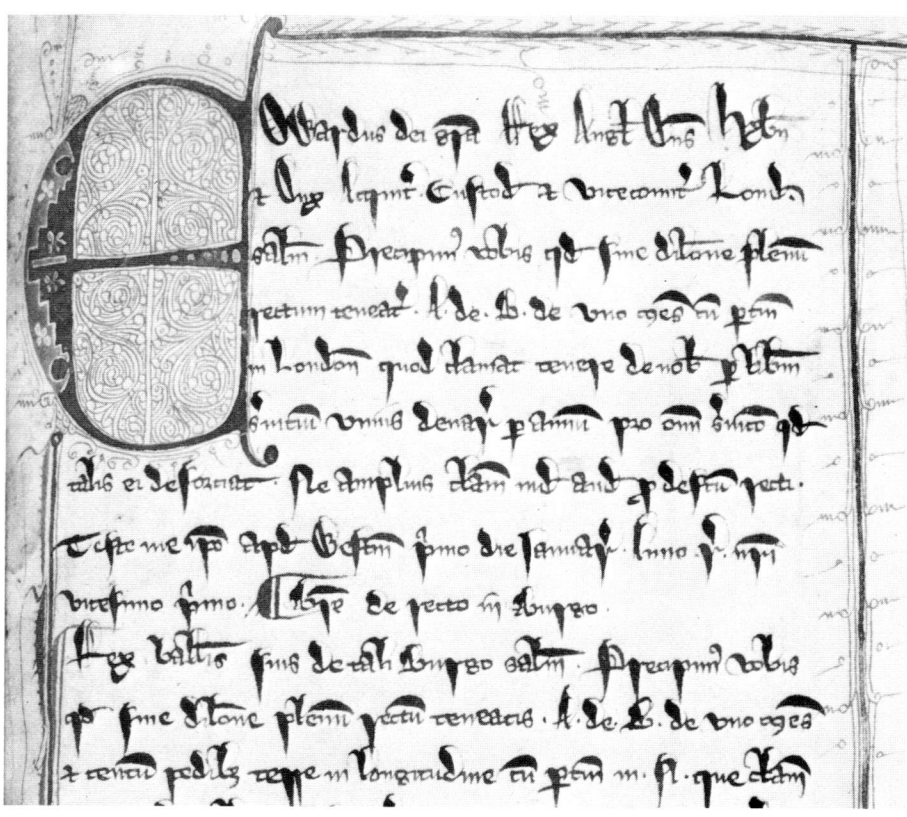

143. **Merton College 261** fol. 101. Oxford, England, 1294.

140. **Lat. misc. d. 82** fol. 111. England, after 1293.

141. **Douce 94** fol. 72. Noyon, France, 1294.

142. **Laud Misc. 415** fol. 79. Altzey, Germany, 1294.

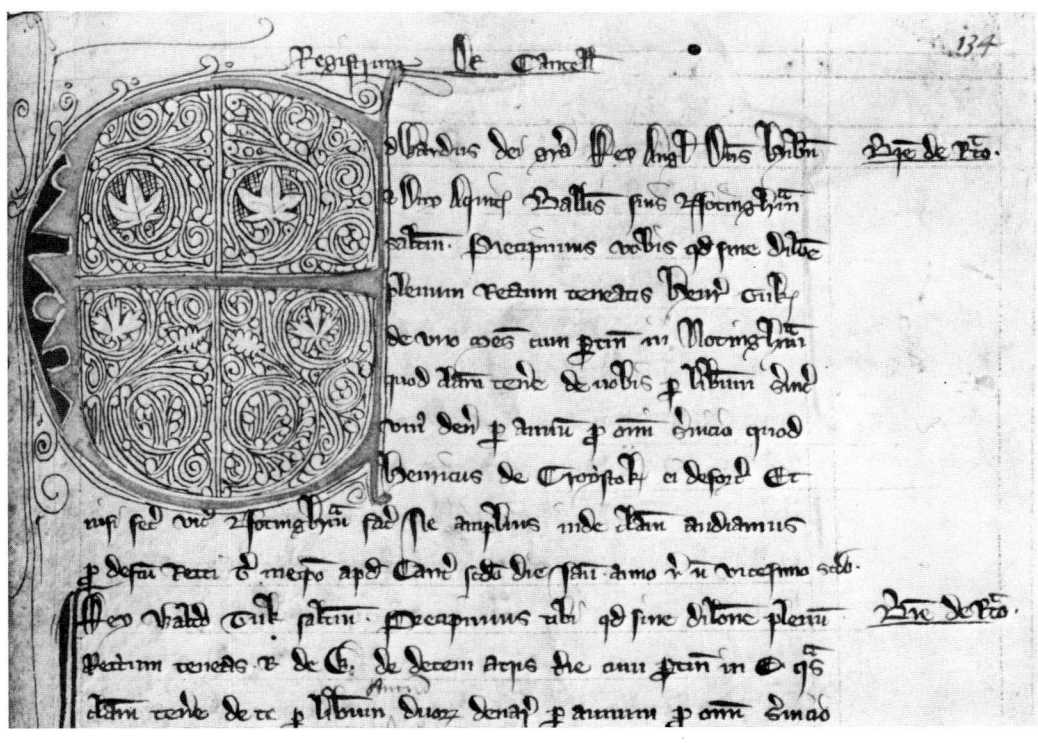

144. **Add. C. 188** fol. 134. England, after 1297.

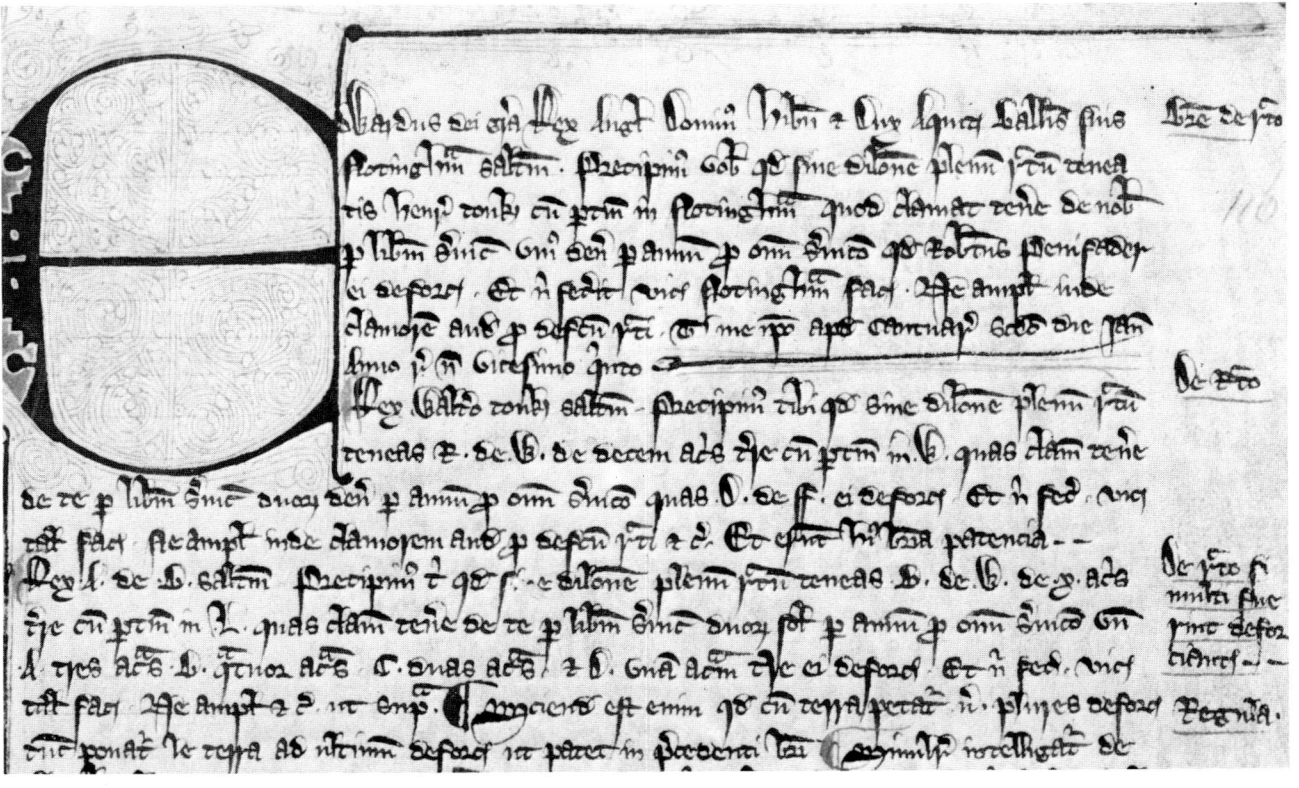

145. **Rawl. D. 893** fol. 116. England, after 1297.

146. **Bodley 399** fol. 88. England, 1300.

147. **Bodley 655** fol. 62. Osney, England, 1302–1303.

148. **Trinity College 85** fol. 56. Montacute, England, betw. 1305 & 1316.

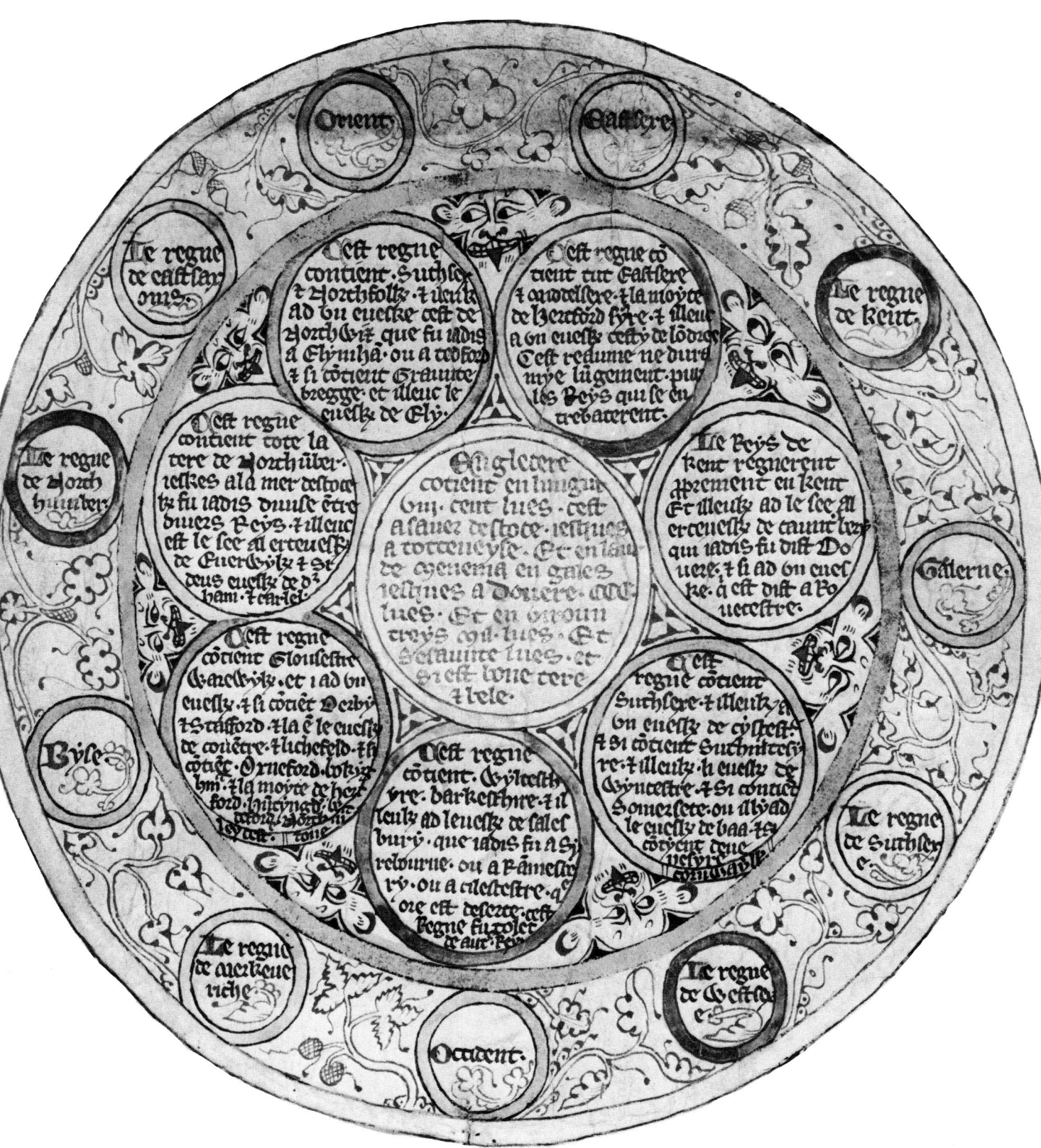

149. **Ashmole Rolls 38,** recto. England, *c.*1307.

150. **Balliol College 244** fol. 96. England, 1308.

151. **Canon. Misc. 183** fol. 163. Alais?, France, 1309.

152. **Lat. th. e. 49** fol. 3. Morimondo, Italy, 1310.

153. **New College 187** fol. 327. Vienne, France, 1310 or 1311.

154. **Bodley 940** fol. 3. England, after 1310.

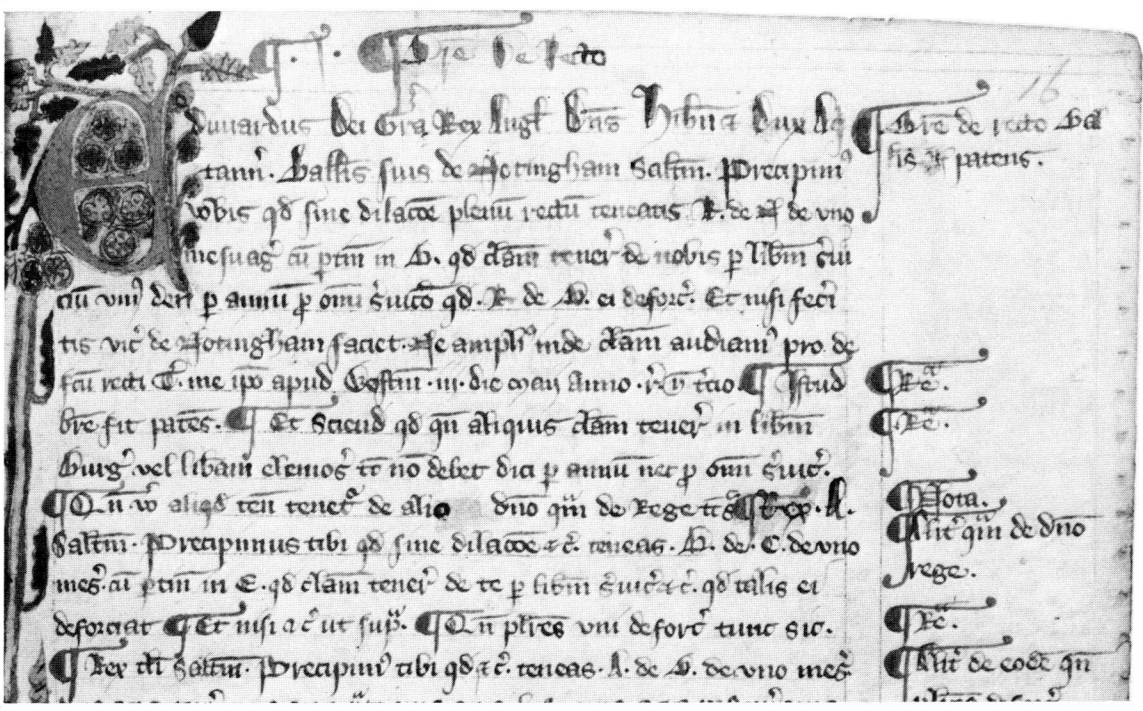

155. **Rawl. C. 246** fol. 9ᵛ.
England, after 1310.

156. **Rawl. C. 310** fol. 16.
England, after 1310.

157. **Lat. hist. d. 4** fol. 120ᵛ.
Bury St Edmunds,
England, betw.
1313 & 1316.

158. **St John's College 66B** fol. 54ᵛ.
Canterbury, England, 1316.

159. **Bodley 464** fol. 80ᵛ.
Canterbury, England, c.1318.

160. **Douce 98** fol. 216ᵛ.
England, c.1320.

161. **Rawl. C. 292** fol. 23. England, *c.*1321.

162. **Tanner 190** fol. 90ᵛ. Venice, Italy, *c.*1321–1324.

...la mort li roi henri le secund sun fiz richard regna e fu corone le tierc jor de septembre, en le...
...gre co. e nonante. e un mois... en l'an suivant le rei de fce philipp e li a...
...richard roi dengletre pstret sur... chemin en un... la tere seinte...
...de fce a la deuaunt. e ly roi ri-... chard entra apres la mer. e auoit...
...xiiii nefs mlt grandes q... lem apele busses. a treis meins...
...es. e si auoit oueke lui... cer neofs chargez. e l galeies...
...arma en tpre de des les x... iour apres. e cil...
...e li vit al encontre e ly fen... di la port dit le rei ras fu...

[Image of King Richard seated, crowned, holding a sword — labeled "Richard ..."]

...mult ire. si uec sun enemi e le...
...sef tresors si c il out ordei-... ne. e sur le rei de france od grant...
...en il fu en la mer must un uent... bien guide q lem apele dromund...
...encontre. e cele pst il e fit ncer... en la mer. co. e ccc. pens. e co. ft...
...uz vifs. en aps il pst damere eau-... tres chasteus veisins de vers labeloine.
...e co. dou. chameles chargez de tute manere de richesces. si les ad departi corteisement
...host. e puis repeira a ses propretez. e passa par ostruce. ou il e teni par traison de freres
...il fu puis eque. Car le rei de france philippe retnant q entra en vie a lui. si mist ente...
...tere de normundie en tribulacioun. e occupa les chasteus. e zeles celi richard le roy
...ormndie. si vint en aqtaine. aps le veage de outre mer. e dressere sun chemin en vers
...ou il asegerert le chastel de chaleson a tut sun ost q le roi de fce entre occupe. e la
...un dart en venim. Allas il morust e fu entere au priourd everaud.

...an regna aps sun frere rich. il fit treis manees de sermez... e honorer...
...ordeiners. e notout les ma... en haute... les toms. Allas il...
...saure de tuz les reis cristiens. si se fist iert. e mist la raume...
...regne xvii. anz. e v. mois. si morust en grnt anguisse. e fu...
...alianore fu marie...

163. **Fr. d. 1 (R)**, recto. England, c.1321–1327.

164. **Laud Misc. 651** fol. 51. Bologna?, Italy, 1322.

165. **Douce 196** fol. 21. Verona, Italy, 1323.

166. **Canon. Class. Lat. 112** fol. 54. Pacua, Italy, 1325.

167. **Rawl. C. 889** fol. 230ᵛ. Italy, 1325.

168. **Lat. th. e. 21** fol. 110. Maribor, Yugoslavia, 1326.

169. **Lady Margaret Hall, Borough 14** fol. 4. Shrewsbury, England, 1326 or soon after.

170. **Christ Church lat. 92** fol. 16. England, 1326 or 1327.

171. **Rawl. C. 666** fol. 140ᵛ. England, after 1327.

172. **Rawl. C. 459.** (*a*) fol. 105; (*b*) fol. 224. England, after 1330.

3. **Laud Misc. 637** fol. 20. Paris, France, 1333.

174. **e Mus. 198** fol. 101. England, after 1333.

175. **Canon. Ital. 29** fol. 87. Lucca?, Italy, 1334.

176. **Canon. Misc. 472** fol. 160ᵛ. Italy?, 1334.

```
       nture
       giture
       e cure
       dure
       mbleure
       ure
       nour droiture
```

P erte z a damage retornent li iornal
I griéu lessent lestor si se partent atant
D es plusors vous os dire que il sen vont fuiant
E t gadrain les enchaucent que s vont molt iostisant
D e menidon vous di quil se vait desfendant
G rosse lance en son poing derriers gretenant
L e grant fais des lor z la presse endurant
D e maint chevalier les grans cox enchargant
Q ui il en oitre bien a la terre lestent
A uec lui reguenchissent des autres ne sai quant
L i preudome z li per li chevalier vaillant
G adifer des laris i vint esperonant
S i naures grme il ert sa lance paumoiant
G rosse lor recouree o i fer bien trenchant
S est bien afichies el destrier remuant
M ex vuet ce dit morir que il sen aille atant
Q uant il sen partira ne cuide cuns servant
M enidus li torne la teste du ferrant
D e y meillors chevaus ne vous cont nus ne chant
E t li seignor sont tel q len trueue lisant
Q uains dui meillor ne furent en cest siecle vivant
L i i ot gros le cuer li autres fier talent
E ntreferir se vont sus es blasons devant
N i arrestent li fer ne que n i trove gant
M es li hauberc estoient z serre z tenant
E t li vassal molt preu z li cheval corant
N e vont pas dambleure mes des lais rauinant
S i afichie se trueuent nen i ot i ploiant
D es escus sentrehurtent si fort en trespassant

178. **Bodley 264** fol. 30ᵛ. Belgium, 1338.

77. **Balliol College 91** fol. 107. England,
    betw. 1334 & 1349.

179. **Douce 383** fol. 54ᵛ. Pisa, Italy, 1338.

180. **Bodley 685** fol. 133. Oxford?, England, 1339.

181. **Douce 360** fol. 49. France, 1339.

nram recipimus et concedimus cum infata decesserit sub signo in-
stitutis sex etc. In cuius huius testib; Dat' et c' ut s'

Uniusis et c' Nouentis et c' dedisse concessisse et hac car-
ta mea confirmasse dilco nob in xpo pto fr; Alisandr;
quondam teñ nrm in villa sañ Johis nixta tylagh illud videl;
quod Hugo Galoun quondam de nob tenuit. Hend' et tenend' ei

182. **Rawl. B. 501** fol. 41. Kilmainhambeg, Ireland, *c.*1340.

183. **Wood empt. 1** fol. 102. Glastonbury, England, betw. 1340 & 1344.

184. **Laud Misc. 281.** (*a*) fol. 184; (*b*) fol. 125. Paris, France, 1340 & 1341.

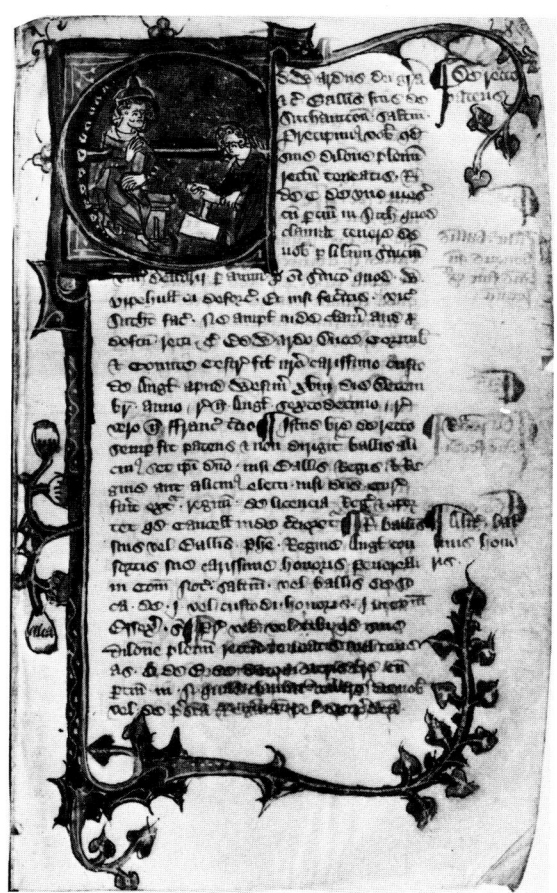

185. **Rawl. C. 454** fol. 285. England, *c*.1342.

186. **Douce 227** p. 116. Oléron, France, 1344.

187. **Laud Misc. 203** fol. 77. Avignon, France, 1344.

188. **Lyell 15** fol. 54. Abingdon, England, *c.*1345–1346.

189. **Ashmole 804** pt. 4 fol. 1ᵛ. England, c.1345–1351.

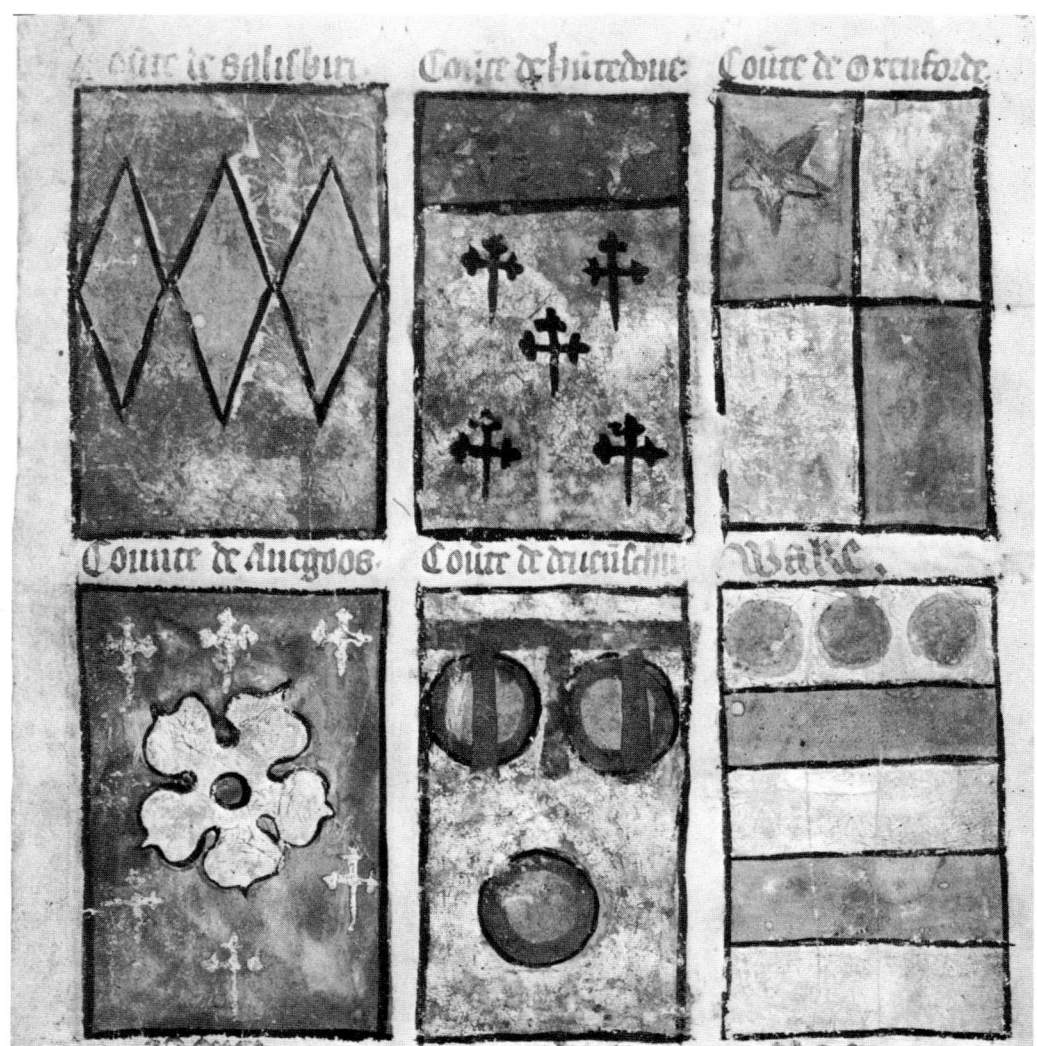

190. **Jesus College 119** fol. 24. Llanddewifrefi, Wales, 1346.

191. **Laud Misc. 202** fol. 156ᵛ. Avignon, France, 1347.

192. **Laud Misc. 562** fol. 152. Paris, France, 1347.

193. **Selden supra 57** fol. 28ᵛ. Paris, France, 1348.

194. **Add. A. 30** fol. 23. Provenance?, France, 1350 & later.

195. **Top. Devon d. 5** fol. 34. Newenham, England, *c*.1350.

196. **Top. gen. c. 62** fol. 12. England, *c*.1353.

197. **Digby 89** fol. 47. England, betw. 1361 & 1376.

198. **Bodley 216** fol. 33ᵛ. Bury St Edmunds, England, betw. 1361 & 1389.

199. **New College 173** fol. 4. Oxford, England, 1364.

200. **Canon. Misc. 304** fol. 87. Vienna, Austria, 1365.

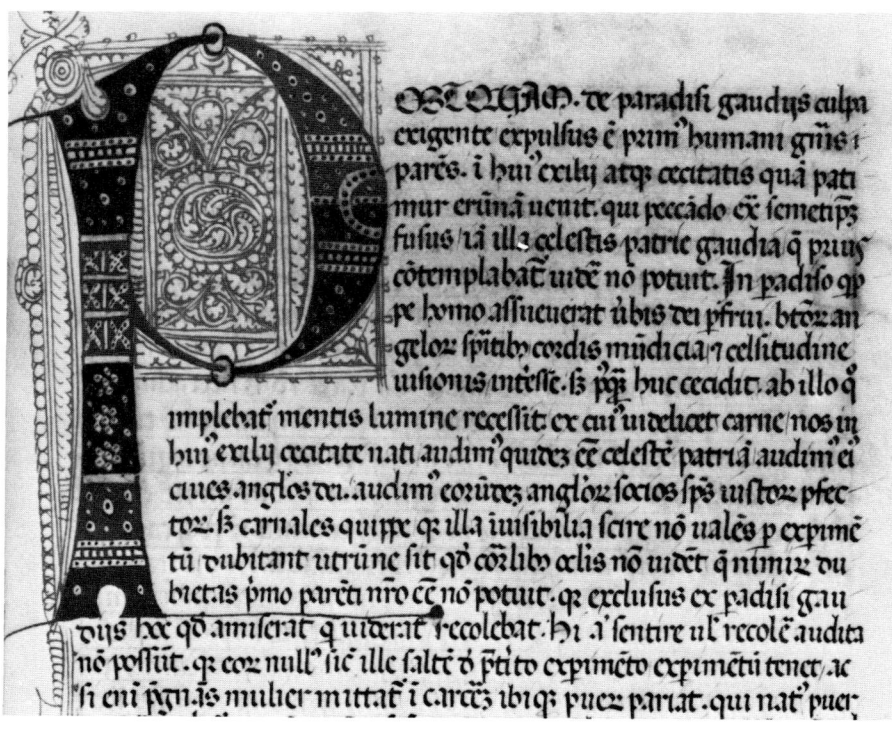

201. **Canon. Pat. Lat. 38** fol. 50. Lombardy, Italy, 1367.

202. **Merton College 71** fol. 139. England, 1369.

203. **Canon. Pat. Lat. 120** fol. 56. Damascus, Syria, 1370.

204. **Laud Misc. 574** fol. 96. Paris, France, 1370?

205. **Douce 64** fol. 70. Netherlands, 1372.

206. **Canon. Liturg. 3** fol. 49ᵛ. Hungary or Lower Austria, 1373.

207. **Rawl. B. 335** fol. 19. Dover, England, 1373.

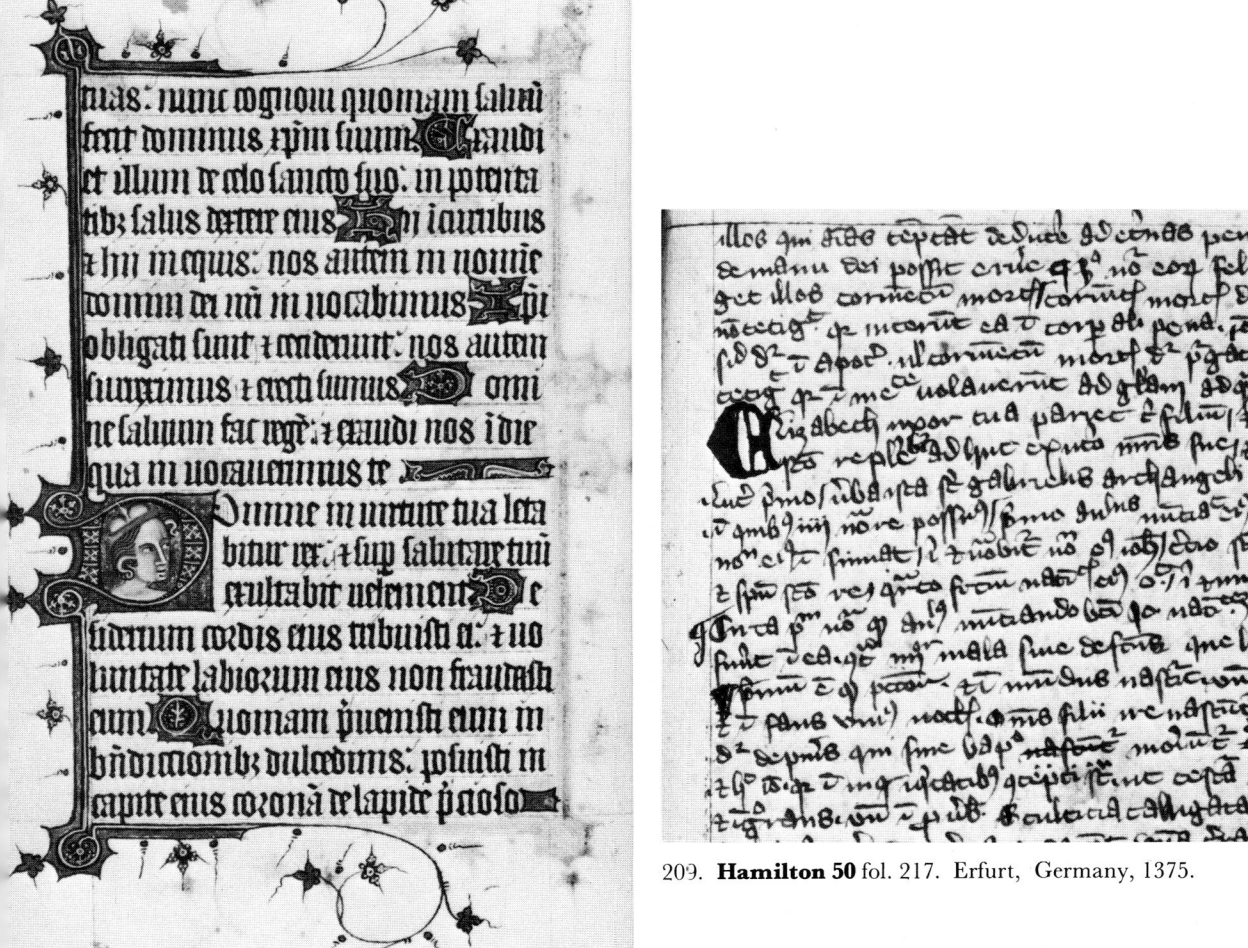

Auct. D. 4. 4 fol. 18v. England, c.1373.

209. **Hamilton 50** fol. 217. Erfurt, Germany, 1375.

210. **Laud Misc. 521** fol. 103. Germany, 1375.

212. **Canon. Class. Lat. 147** fol. 85. North-east Italy, 1377.

211. **Bodley 240** p. 100. Bury St Edmunds, England, 1377.

213. **New College 155** fol. 5. Italy, 1379.

214. **Corpus Christi College 151** fol. 57ᵛ. Oxford, England, 1380.

215. **Douce 257** fol. 38. England, 1381.

216. **Lat. liturg. f. 3** fol. 83. Flanders, Belgium, c.1380–1381?

217. **Canon. Class. Lat. 257** fol. 3ᵛ. Bologna, Italy, 1383.

218. **Bodley 177** fol. 22. England, 1383 or 1384.

219. **Canon. Class. Lat. 262** fol. 47. Italy, 1384.

220. **Canon. Misc. 450.** (a) fol. 49ᵛ; (b) fol. 98. Verona, Italy, 1384.

221. **Canon. Misc. 573** fol. 89ᵛ. Prague, Czechoslovakia, 1385.

222. **Ashmole 210** fol. 11. York, England, c.1385.

223. **Canon. Misc. 381** fol. 30. Italy, 1386.

224. **New College 90** fol. 194. England, betw. 1386 & 1405.

225. **Add. A. 109** fol. 5. Italy, 1388.

226. **Bodley 920** p. 87. Dover, England, 1389.

227. **Oriel College 15** fol. 100. Oxford, England, 1389.

228. **Canon. Class. Lat. 278** fol. 67ᵛ. Padua, Italy, 1391.

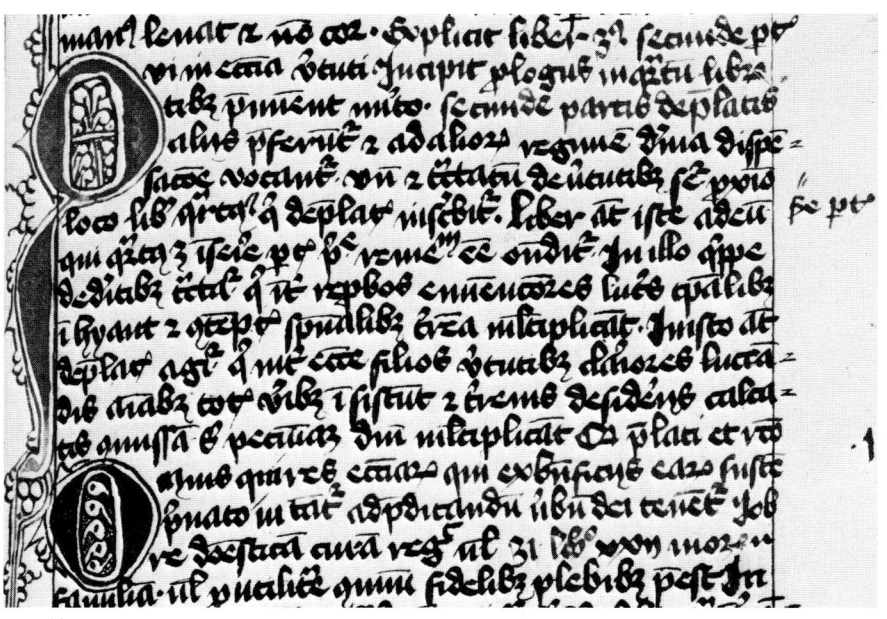

229. **Hamilton 53** fol. 145. Germany, 1392.

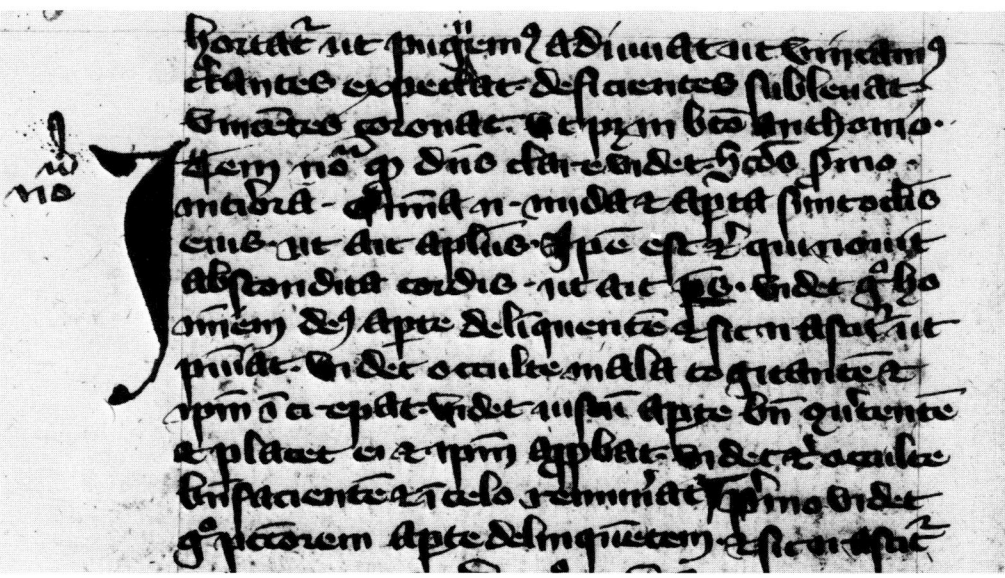

230. **Lat. th. e. 22** fol. 10ᵛ. Erfurt?, Germany, 1392.

231. **Canon. Misc. 219** fol. 24. Padua, Italy, 1393.

232. **Canon. Class. Lat. 278** fol. 2. Padua, 1394.

Millo.ccc.xxxiiij.mēsis augusti.
Die.xxviij. Indictione.vij.   xx

Capta fuit ps in maiori consilio qd duobz diebz in mense
post prandium detur aduocē cois consiliū de.xl. ad corū
inquisitionem cū pro expediendo negotia que occurrunt suo
officio non reuocando propterea diem mcurij quem hnt in
qualibz ebdomada. Intelligendo q si consiliarij non posset
interesse possint ipi aduocē facere sciri sua ut possint die
bz mcurij. Et hoc addatur in capitular consiliarij. capitulum
de.xl. 7 aduocē cois. Et illis diebz prefixis. uocatis.xl. sb pen
sol.x. puorum. Et si consilium etc.

233. **Douce 339** fol. 22. Venice, Italy, 1394?

234. **Bodley 316** fol. 89ᵛ. England, betw. 1394 & 1397.

235. **Canon. Misc. 219** fol. 7. Padua, Italy, 1395.

245. **Balliol College 217** fol. 58. England, 1401–1402.

246. **Canon. Misc. 393** fol. 80. Padua, Italy, 1402.

247. **Lat. th. e. 34** fol. 10. Padua, Italy, 1402.

248. **Bodley 716.** (*a*) fol. 111; (*b*) fol. 148ᵛ. Oxford, England, 1403.

249. **Canon. Misc. 181** fol. 66. Veneto, Italy, 1404.

250. **Keble College 30** fol. 31. Italy, 1404.

251. **Bodley 758** fol. 55. Ingham, England, 1405.

252. **Hamilton 14** fol. 40. Neuzelle?, Germany, 1405.

253. **Canon. Pat. Lat. 87** fol. 1. France, 1406.

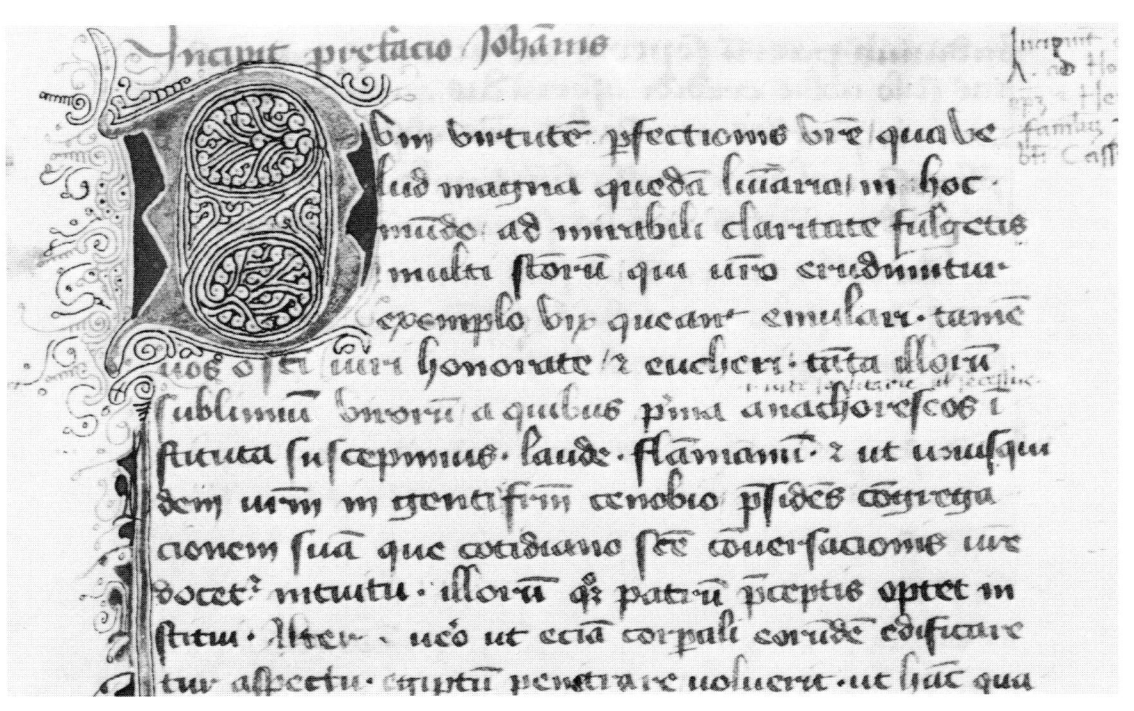

254. **Laud Lat. 4.** (a) fol. 71; (b) fol. 157ᵛ. Glastonbury, England, 1406.

255. **All Souls College 59** fol. 14. Orléans, France, 1406.

256. **Douce 144** fol. 35. Paris, France, 1407.

257. **Bodley 216** fol. 49. Bury St Edmunds, England, betw. 1407 & 1426.

258. **Fairfax 2** fol. 59. England, 1408.

259. **Bodley 859** fol. 60. England, 1409.

260. **Canon. Misc. 434** fol. 225v. Padua, Italy, 1409.

262. **Balliol College 121** fol. 6. Italy, 1409.

261. **Laud Lat. 70** fol. 113. Italy, 1409.

263. **Balliol College 274** fol. 73ᵛ. Germany, 1409.

264. **New College 206** fol. 252. England, 1409.

265. **Bodley 861** fol. 108. England, 1409–1411.

266. **Canon. Class. Lat. 193** fol. 6. Ferrara?, Italy, 1411–1412.

267. **Lat. class. d. 37** fol. 4. Florence, Italy, 1412.

268. **University College 71** fol. 59. England, 1412.

269. **Hatton 11** fol. 135. Worcester, England, 1412 or 1413?

COMPARATIO·ET·DILIGENS·DE·BRVTO·AC·DIONE·
IVDICIVM·PLVTARCHI·

His itaq; hominibus cum multa bonoruq; adsint genera, illudq;
ipsum ætatis amplissimi minimas p occasiones facti sunt,
dioni pulcherrimu; extat. Nemine... [illegible due to stain] vlla; rerum
ab eo gestarum parte sibi vendicet, Sicuti brutus cassium,
Q̄ui vir licet i virtute glia ve haud similes meruerit
existimatione, ad bellu; tamen audacia fortitudine; tu;
& gerendo, no minora pfecto momenta prebuit. Quippe
cu; nonulli sint, q totius exordiu; operis adscribat. Adhuc
ipm suscepti grā cæsare; consilii ducem asserat. Dion ū
sicut arma, naues, militare ve potentia; ita & amicos &
socios & ad rem pagenda; adiutores ipse videtur ab se
comparasse. Hec uō dion uti brutus ex bello rebq;

270. **Bywater 38** fol. 63. Florence?, Italy, 1414.

271. **Magdalen College Lat. 74** fol. 72ᵛ. Montpellier, France, 1414.   272. **St John's College 64** fol. 51ᵛ. Lexmende?, Netherlands, 1414.

273. **Lincoln College Lat. 14** fol. 13. France?, 1415.

274. **Jesus College 12** fol. 120. Cologne?, Germany, 1416.

275. **New College 192** fol. 30. Oxford, 1416–1417.

277. **All Souls College 54** fol. 99ᵛ. England, 1417.

276. **D'Orville 89** fol. 19. Florence?, Italy, 1417.

278. **New College 186** fol. 56. France?, 1417.

279. **Douce 133** fol. 34. Germany?, 1418.

280. **Hamilton 6** fol. 86. Görlitz?, Germany, 1418.

CONTRA LEGEM AGRARIAM.

COMMODIUS FECISSENT TR. PL. QVIR
si quae apud uos de me deferunt, ea coram
potuis me presente dixissent. nam & eq
tatem uestre disceptationis, & consuetudinem suprox
& uis sue potestatis retinuissent. Sed quoniam ad
huc presens certamen contentionemq. fugerunt.
nunc si uidetur eis in meam contionem prodeant
& qui prouocati a me uenire noluerunt reuocati
saltem reuertantur. Video quosdam qui strepitu
significare nescio quid, & non eosdem uultus quos

281. **D'Orville 78** fol. 58ᵛ. Florence, Italy, 1418?

(a)
Bir Quid hic agit   Kar Ipsum huc orabo
    Hinc supplicabo amorem huic narrabo meum
    Credo impetrabo. ut aliquot saltem nuptijs ptrahat dies
    Interea fiet aliquid spero
Bir Id aliquid nichil est   Kar Birria
    Quid tibi uidetur. adeon acerum.
Bir Quid ni nichil impetris
    Ut te arbitretur sibi paratum medium si illam duxerit
    Abi hinc in malam crucem. cū suspicione istac. scelus.
pan K animus uideo salue   Kar o salue panphile.
    Ad te uenio spem. salutem. auxiliū. ꝑsiliū expetens.
pan Neq̃ pol consilij locum habeo neq̃ ausilij copiam
    Sed istuc quid nam est   Kar hodie uxorem ducis pā aiunt.
Kar Si id facis hodie postremum me uides   pan Quid ita
Kar Hei michi uereor dicere   huic dic queso birria.
Bir Ego dicam pan quid est Bir sponsam hic tuam amat.

282. **Canon. Class. Lat. 96.** (a) fol. 7ᵛ; (b) fol. 16; (c) fol. 41. Florence, Italy, 1419.

(b)
    Me sicophantaꝫ hereditateꝫ prosequi
    Mendiciā. tū ipam dispoliare ✝ nō licet
Onis Optime hospes. pol cito antiquum morem optines
Cri Duc me ad eam. qm huc ueni ut uideam aris. maxie
Dau Sequar hos. nolo me in tempore hoc ut uideat senex
    Cremes. Symo. senex. duo.
    Satis iā satis simo expectata erga te amicitia ē mea
    Satis pridem icepi adire. orandi iā finem face
    Dum studeo obsequi tibi pene illusi uitā filie.
Sy Imo ei nunc q̃ maxie abs te postulo atq̃ oro.
    Ut beneficiū ꝗd i itiū dedisti nūc recōprobes
Cre Vides q̃ iniquus sies. presidio duū efficias qd cupis
    Neq̃ moduū benignitatis neq̃ qd me ores cogitas
    Nam si cogites remictas iā me onerare iniurijs
Sym Quibus Cre at cogitas ꝑpulisti me; ut hoī adoloscentulo
    In alio occupato amore. ab horrenti ab re uxoria

283. **Hamilton 2** fol. 48ᵛ. Kottbus, Germany, 1419.

284. **Canon. Class. Lat. 121** fol. 11. North Italy, 1420.

285. **Canon. Misc. 457** fol. 88. Italy, 1420.

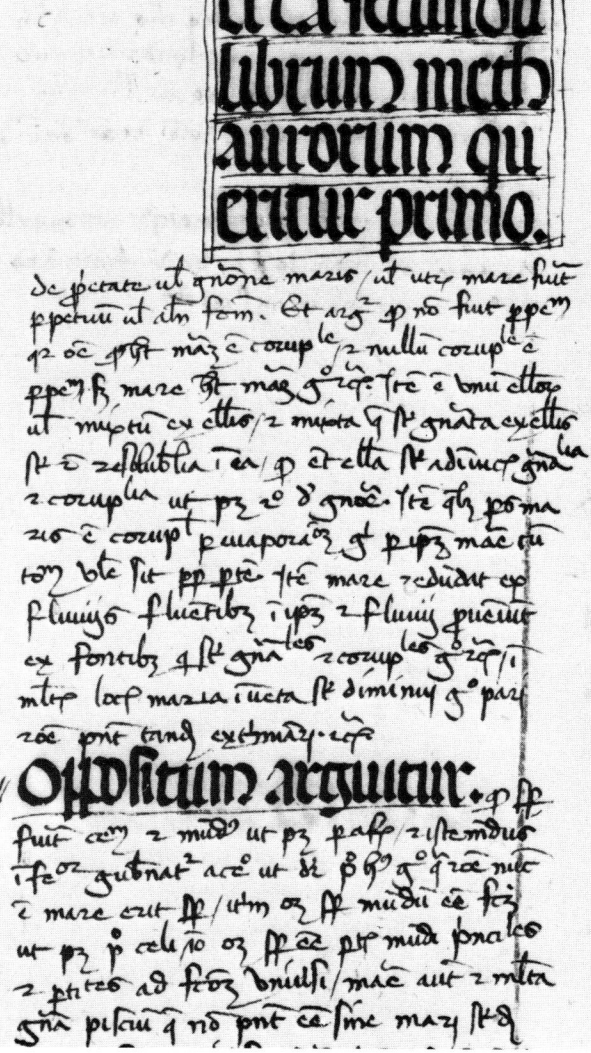

286. **Canon. Misc. 462** fol. 101ᵛ. North-east Italy, 1420.

287. **Canon. Misc. 543** fol. 10ᵛ. South Germany?, 1420.

288. Canon. Pat. Lat. 224 fol. 312ᵛ. Venice, Italy, 1420.

289. Lincoln College Lat. 38 fol. 22ᵛ. 1420.

290. St John's College 94 fol. 16ᵛ. Newcastle upon Tyne, England, 1420.

291. **Lat. class. d. 5** fol. 88. North-east Italy, 1420–1421.

292. **Hamilton 55.** (a) fol. 73 & (c) fol. 164, Erfurt, Germany 1420; (b) fol. 157, Gellershausen, Germany, 1421.

293. **Auct. F. inf. 1. 1** fol. 169. St Albans, England, betw. 1420 & 1440.

294. **New College 49** fol. 95ᵛ. St Albans, England, betw. 1420 & 1440.

295. **Worcester College 233** fol. 4ᵛ. St Albans, England, betw. 1420 & 1440.

296. **Canon. Misc. 222** fol. 2. Italy, 1421.

297. Canon. Misc. 384
fol. 26ᵛ. Erfurt, Germany, 1421.

298. Hamilton 39
fol. 138. Leipzig, Germany, 1421.

299. Holkham misc. 36
fol. 11. Genoa?, Italy, 1421.

300. **Bodley 462** fol. 170ᵛ. St Albans, England, 1421?

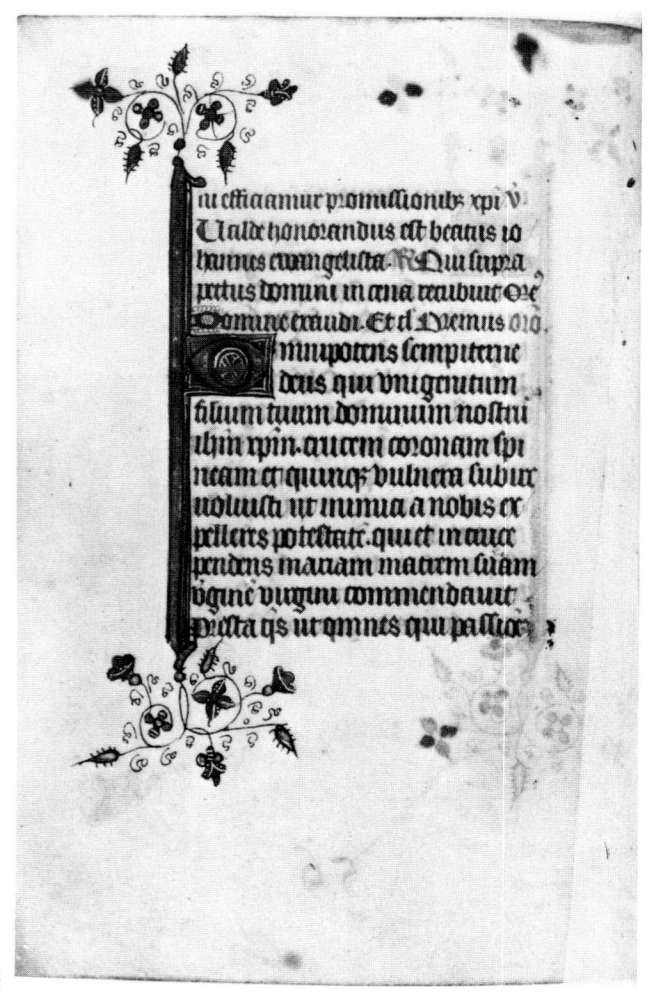

301. **Lat. Liturg. f. 9.** (*a*) fol. 63ᵛ; (*b*) fol. 88. England, 1421?

302. **Canon. Bibl. Lat. 54** fol. 90ᵛ. Graz, Austria?, 1422.

303. **Canon. Class. Lat. 2** fol. 114. Italy, 1422.

304. **Canon. Ital. 116** fol. 138. Montagnana, Italy, 1422.

305. **Lat. th. d. 12** fol. 118. Germany, 1422.

O degli eterni lumi e chiara lampa
Lucido splendore de vita eterna
Judichatore del cielo colatua pompa
Che in lustri con latua volglia sempiterna
O sachra gloria del mondo auanpa
Rettore de quella stella che gouerna
La santa vmanita co ito modorni
Corona e de laltissimo siperni

ex merito de quella notte santa
Quando aparsi quel fructo dimaria
Tra q duy animali ipouerta tanta
Jozep vechio con santa nastasia
O duro fin a celo oue sta tanta
O sama benedetta sempre sia
Nato e de la verzene el splendore
Laudato sia suo nome e suo valore

e deum laudamus dominu padre pio
Cherubin e serraphi tutti chantando
Nato ie ihu nato ie el fiol dedio
La stella in oriente alor mostrando
Diche sibilla santa lo vedio

306. **Canon. Ital. 40** fol. 36. Ravenna, Italy, 1423.

307. **Canon. Pat. Lat. 196** fol. 64. Trento, Italy, 1423.

308. Lyell 73 fol. 3. Florence, Italy, 1423.

309. Corpus Christi College 243 fol. 29. Oxford, England, 1423.

310. New College 282 fol. 48. Bruges, Belgium, 1423.

311. **Canon. Ital. 90** fol. 20. Vicenza?, Italy, 1424.

312. **Canon. Misc. 201** fol. 152ᵛ. Germany or Bohemia, 1424.

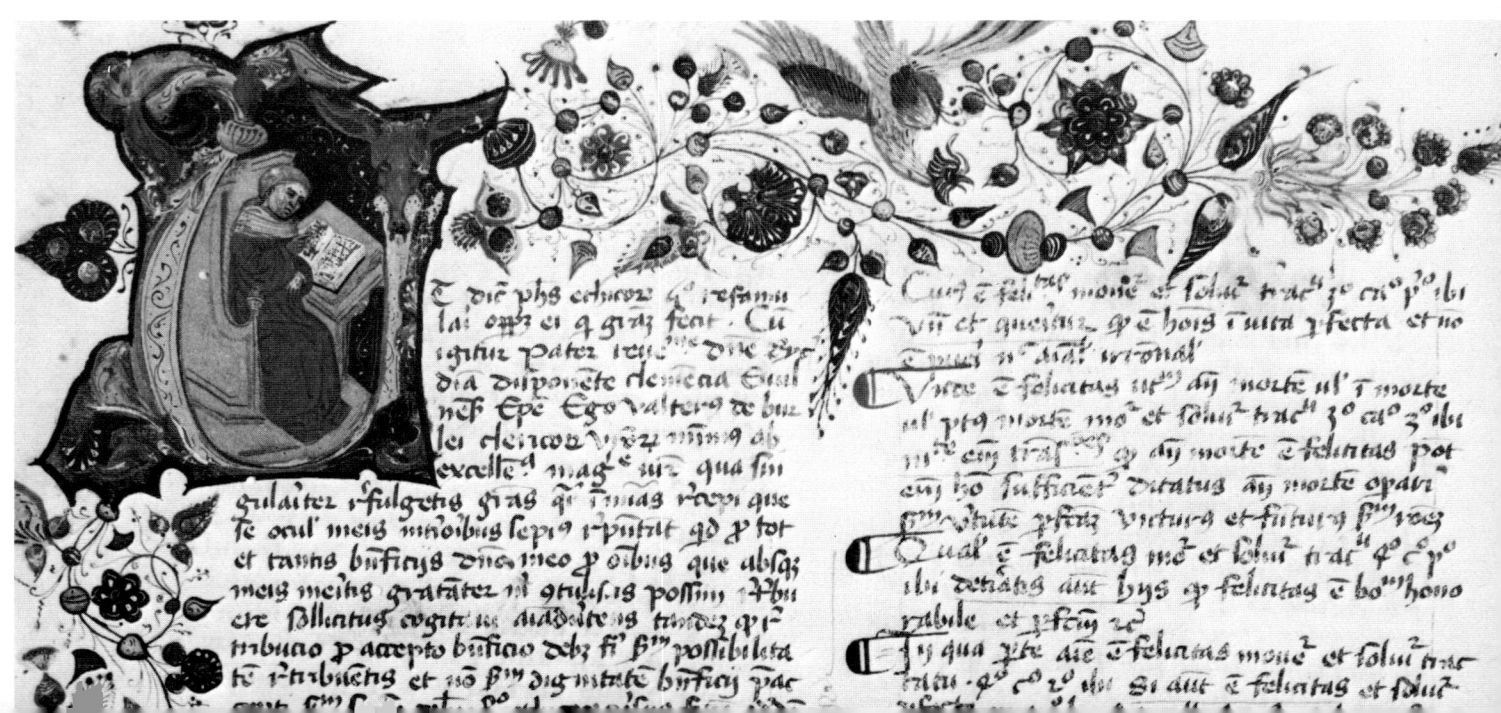

314. **Laud Lat. 72** fol. 45ᵛ. Veneto, Italy, 1424.

315. **Rawl. C. 489** fol. 42. Winchester, England, 1424.

316. **Add. A. 370** fol. 201. London, England, 1425.

▶ 313. **Canon. Misc. 251** fol. 2. Venice, Italy, 1424.

317. **Add. C. 145** fol. 15. Novara, Italy, 1425.

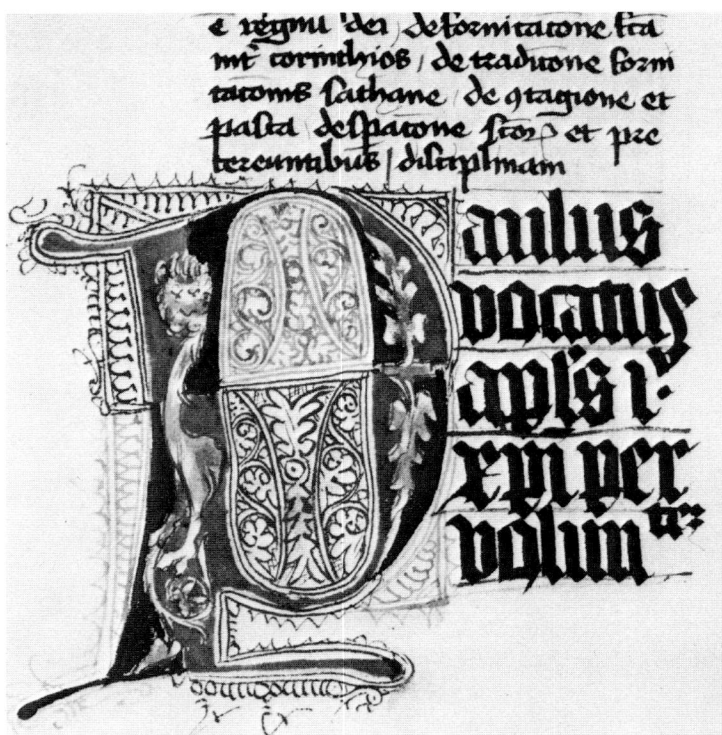

318. **Canon. Bibl. Lat. 55** fol. 359v. Graz, Austria?, 1425.

319. **Canon. Class. Lat. 306** fol. 36. Italy, 1425.

320. **Canon. Misc. 389.** (*a*) fol. 20; (*b*) fol. 91. Padua, Italy, 1425.

321. **Hamilton 9** fol. 83. Erfurt?, Germany, 1425.

322. **New College 217** fol. 38. Rome, Italy, 1425.

323. **Add. C. 264** fol. 43. Florence, Italy, 1425-1426.

324. **Canon. Ital. 77** fol. 52. Italy, 1426.

325. **Canon. Misc. 9** fol. 39ᵛ. Venice, Italy, 1426.

326. **Canon. Pat. Lat. 65** fol. 133. Venice?, Italy, 1426.

327. **Laud Misc. 96** fol. 216ᵛ. Germany, 1426.

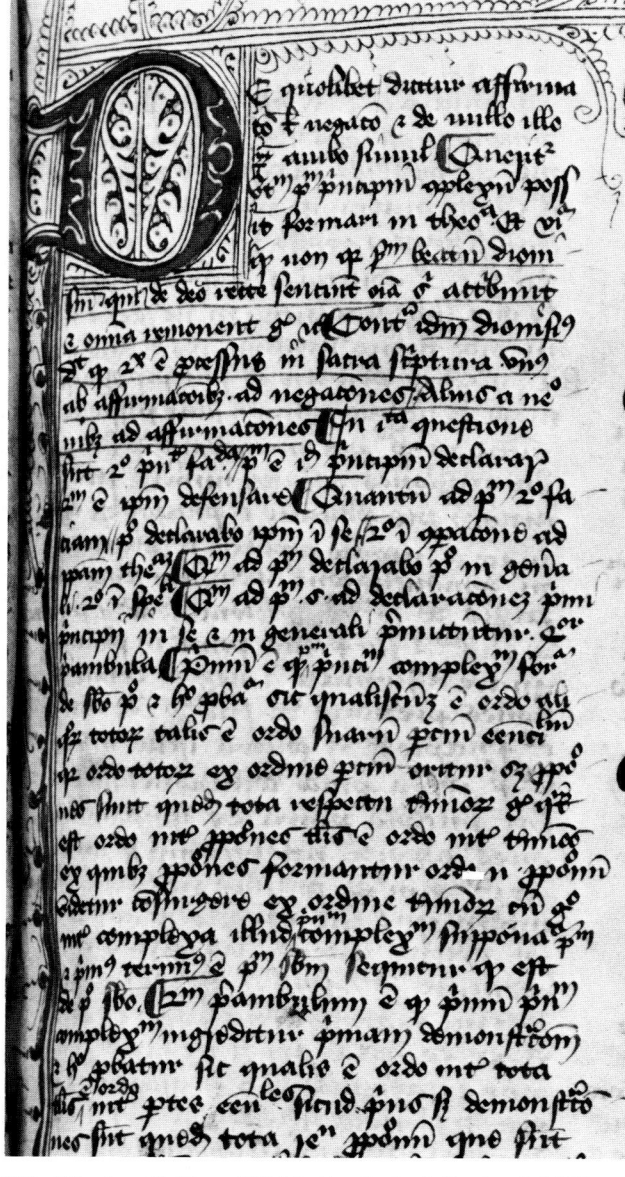

329. **Douce 104** fol. 39. Ireland, 1427.

328. **D'Orville 32** fol. 26. Ferrara, Italy, 1427.   330. **Merton College 133** fol. 41. Oxford, England, 1427.

331. Canon. Bibl. Lat. 38 fol. 98ᵛ. Kotor, Yugoslavia, 1427.

332. Lincoln College Lat. 129 fol. 22. Bristol, England, 1428.

333. All Souls College 85 fol. 185. England, 1428.

334. **Magdalen College Lat. 83** fol. 30ᵛ. Italy, 1428.

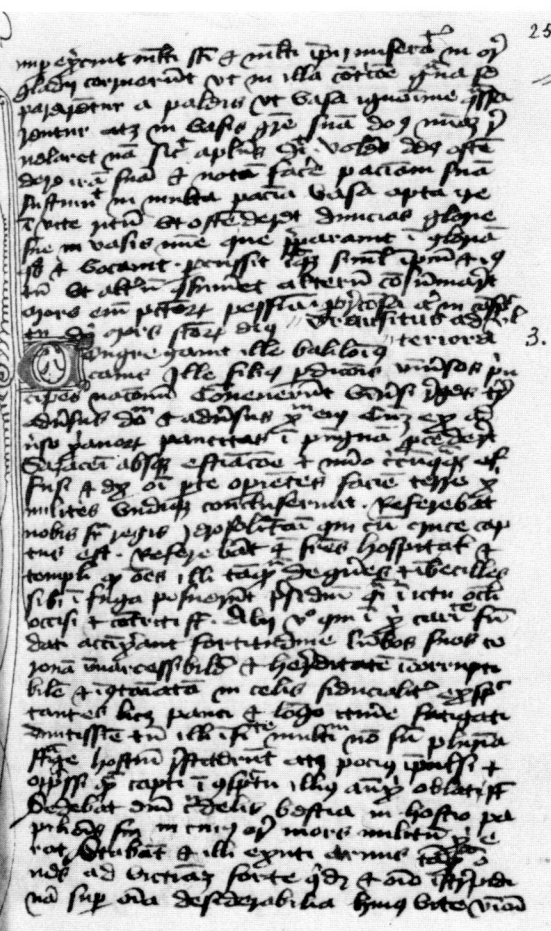

335. **New College 127** fol. 16. Oxford, England, betw. 1428 & 1435.

336. **Lat. liturg. e. 14** fol. 13. Italy, 1429.

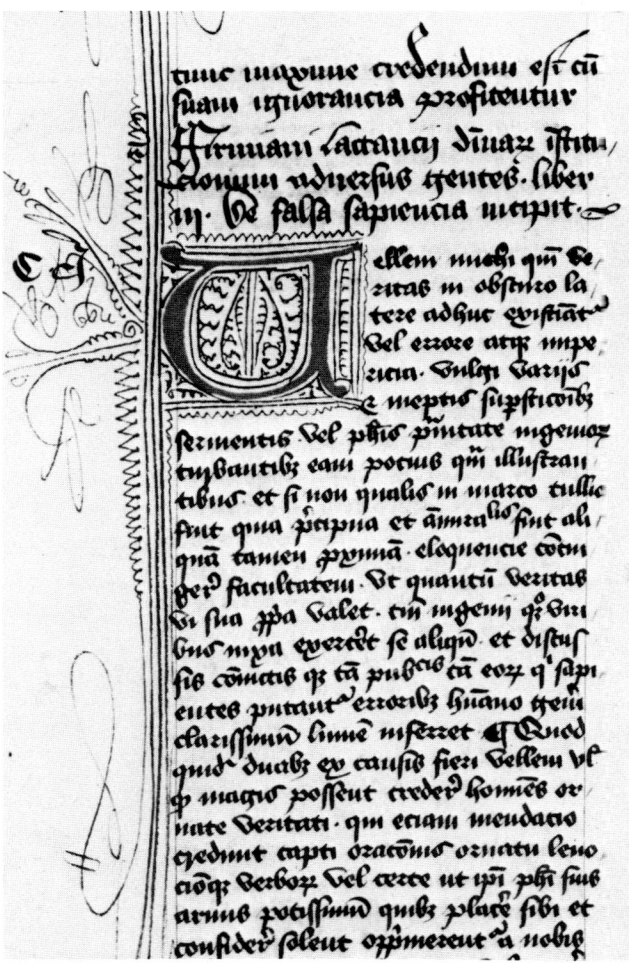

337. **Corpus Christi College 51** fol. 36ᵛ. England, 1429.

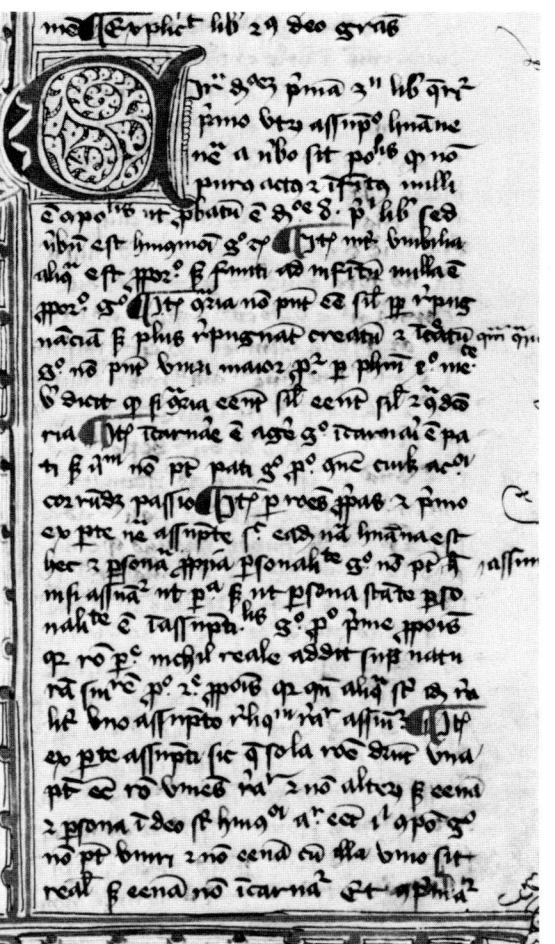

338. **Oriel College 70** fol. 76. Oxford, England, 1429.

339. **Add. D. 46** fol. 105. Italy?, 1430.

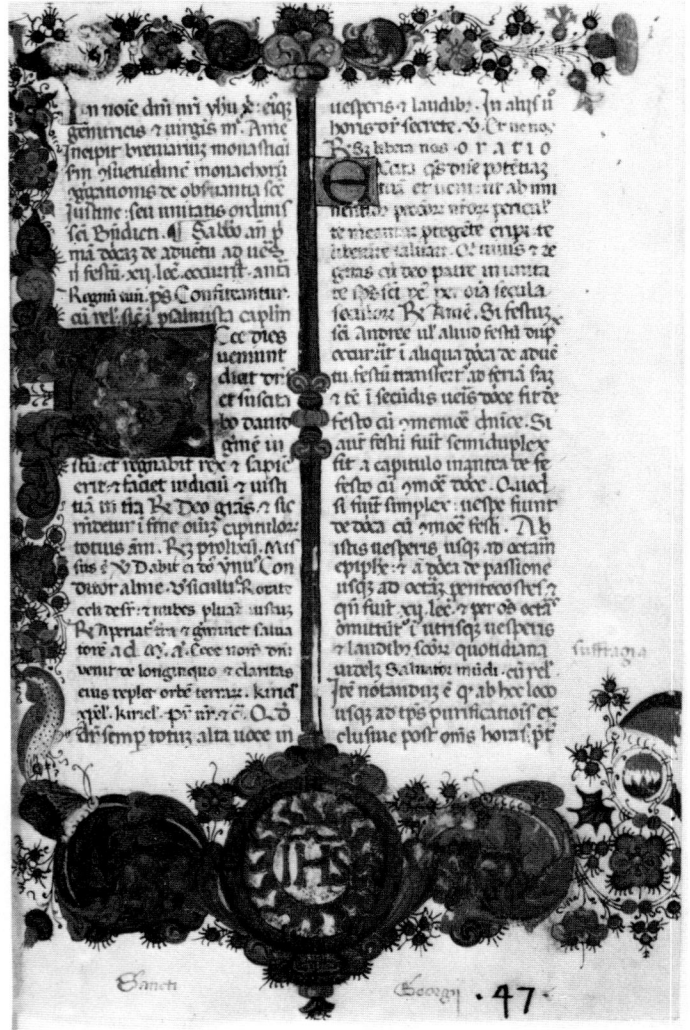

340. **Canon. Liturg. 210** fol. 9. Venice, Italy, 1430.

341. **Canon. Misc. 140** fol. 1. Venice, Italy, 1430.

342. **Magdalen College Lat. 103** fol. 25. Oxford, England, 1430.

343. **Lat. th. d. 1** fol. 159. England (Lichfield?), 1430–1436 (1431?).

(a) ... *edosam propria morte obiit et ibidem sepultus est. Aurelius Alexander quasi facto quodam i exituum psice gentis natus. iuuenis ad modum romani gubernacula suscepit imperii. ipe persaȝ regem nobilissimum vassem gloriose uicit. Hic Alexander sacriscriniorū magister habuit. Vlpianum iurisconsultum de persis popa spectabili triumphauit.*

(b) ... *etiam Babilonibus tibi palma pacis accedat gloriosissime principum i Valentiane auguste.*

Rufi Sexti uiri consularis rerum populi romani gestaȝ Valentiniano augusto liber explicit feliciter. deo gratias amen. Anno domini M.cccc. xxxi. die. xviii. Iunii. VALE.

344. **Canon. Class. Lat. 21.** (*a*) fol. 30; (*b*) fol. 39ᵛ. Florence, Italy, 1431.

345. **Canon. Ital. 32** fol. 10. Venice?, Italy, 1431.

346. **Canon. Ital. 80** fol. 31ᵛ. Venice?, Italy, 1431.

347. **Canon. Misc. 327** fol. 30. Bologna, Italy, 1431.

348. **Canon. Misc. 371** fol. 67ᵛ. Padua, Italy, 1431.

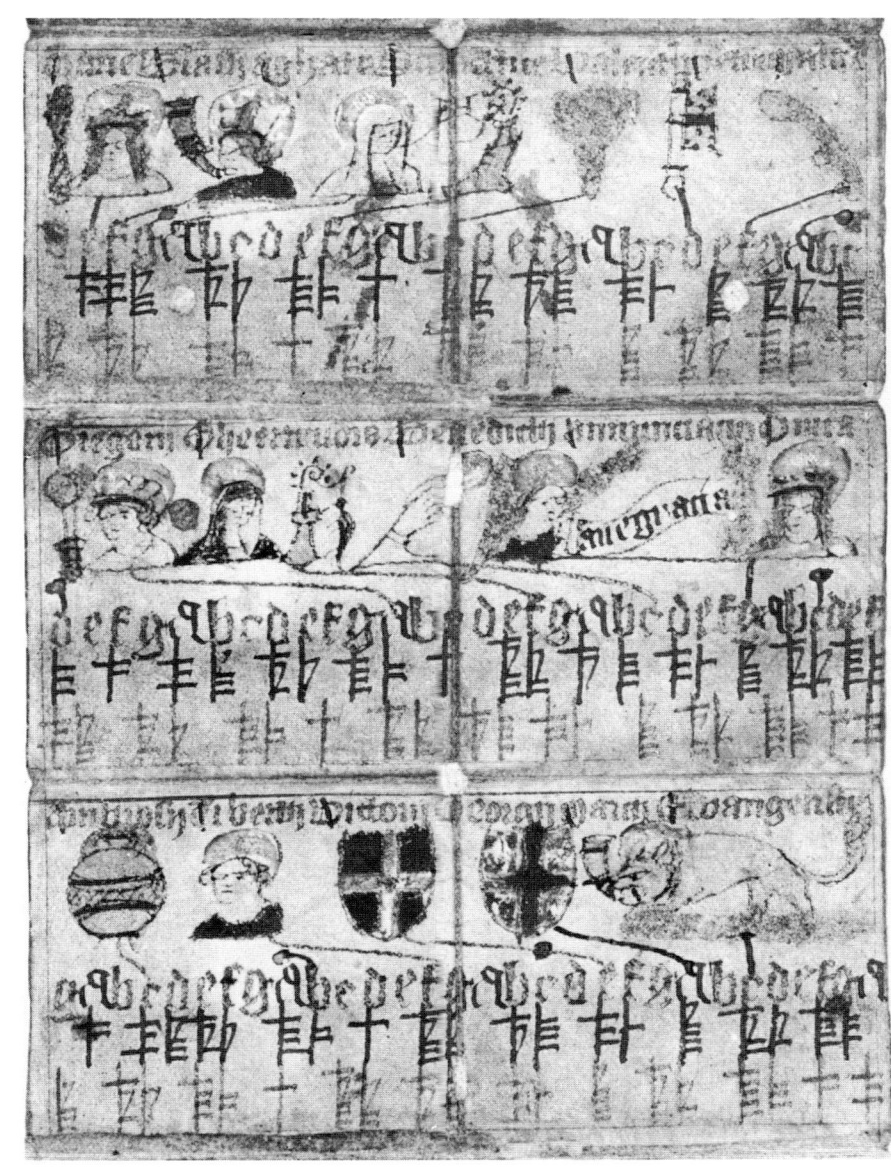

349. **Douce 71** pt. 3. Utrecht?, Netherlands, or England, 1432.

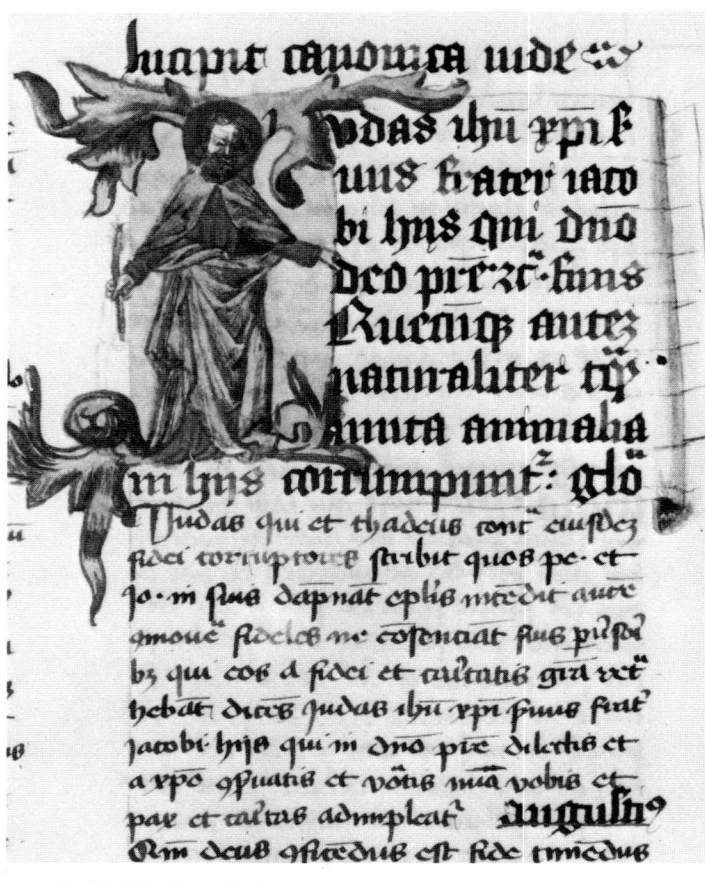

350. **Balliol College 31** fol. 67. 1432.

351. **Canon. Misc. 136** fol. 87ᵛ. Passignano, Italy, 1433.

352. **Canon. Pat. Lat. 14** fol. 1. Venice, Italy, 1433.

353. **Magdalen College Lat. 141** fol. 29ᵛ. England, 1433.

354. **Canon. Class. Lat. 187** fol. 5. Florence, Italy, 1435.

355. **Canon. Pat. Lat. 125** fol. 13. Montelli?, Italy, 1434.

356. **Hamilton 10** fol. 226. Germany, 1434.

357. **Laud Misc. 594** fol. 21. England, 1434.

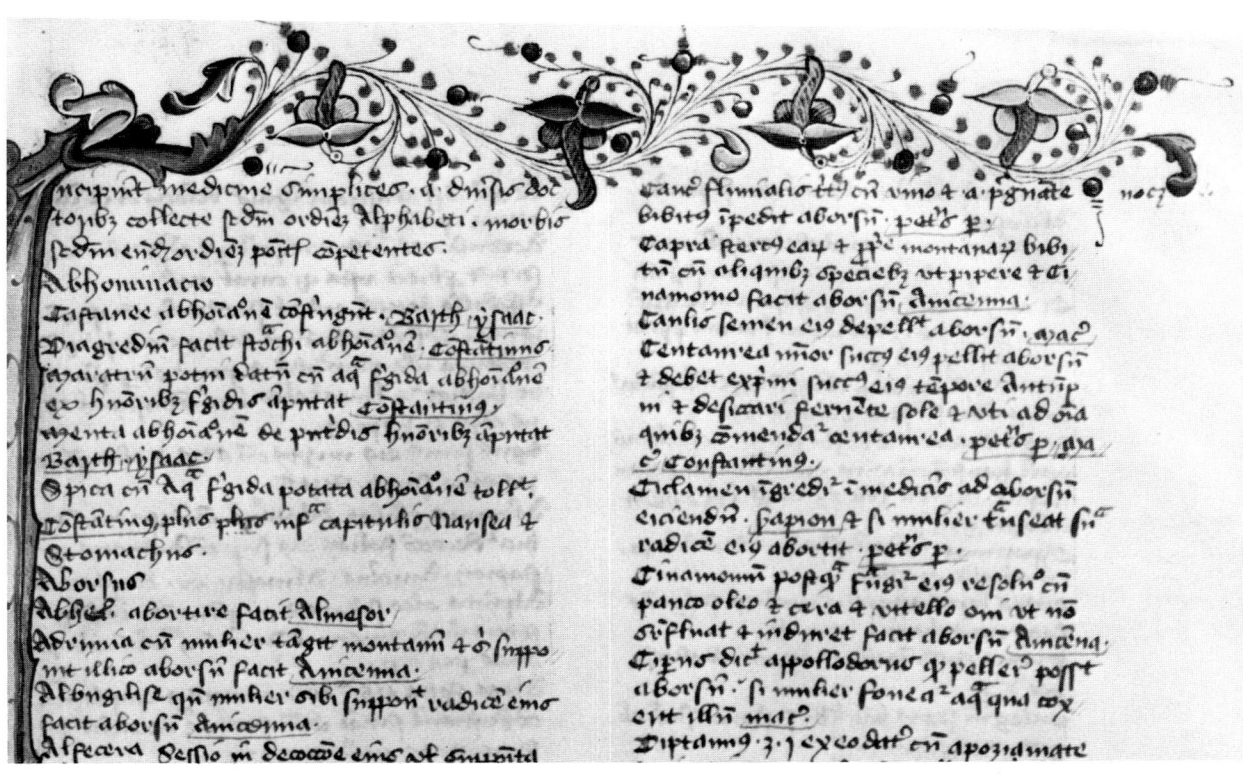

358. **Bodley 795** fol. 1. Oxford, England, 1435.

359. **Canon. Ital. 49** fol. 62. Fano, Italy, 1435.

360. **Canon. Misc. 554** fol. 79. Padua, Italy, 1435.

361. **Douce 305** fol. 6. Lille?, France, 1435.

362. **Douce 347** fol. 26. Italy, 1435.

363. **Lat. misc. b. 2 (R)**, recto. Tewkesbury?, England, c.1435.

INCIPIT SITVS ASIAE PROVIN
CIAE CVM LIMITIBVS ET PO
PVLIS SVIS.

Asia media fronte habet
oceano eoo. ostia flu
minis gangis. A sinistra promun
torium caligardam Cinsubia
et adeurum insula tabrobane
ex quo oceanus indicus uocitari
incipit. A dextra ht tunam
montis iugum. ubi caucasus de
ficit. promunctorium samara. quod
aquiloni subiace ad ostia flu
minis octocordis. ex quo oce
anus sericus appellat. In his fi
nibus India prouincia est. que
habet ab oriente flumen Indum
quod rubro mari accipit. a sep
tentrione montem caucasum
reliq eius ut dixi. eoo et Indi
co oceano terminat. Hec ht

365. **Canon. Misc. 378** fol. 11. Basel, Switzerland, 1436.

364. **Canon. Misc. 371** fol. 188. Padua, Italy, 1436.

366. **Savile 39** fol. 7. England, 1436?

368. **Canon. Misc. 312** fol. 44. Milan, Italy, 1437.

367. **Bodley 472** fol. 41. Louvain, Belgium, 1437.

369. **Canon. Pat. Lat. 4** fol. 154ᵛ. Venice?, Italy, 1437.

370. **Holkham misc. 14** fol. 28. North-east Italy, 1437.

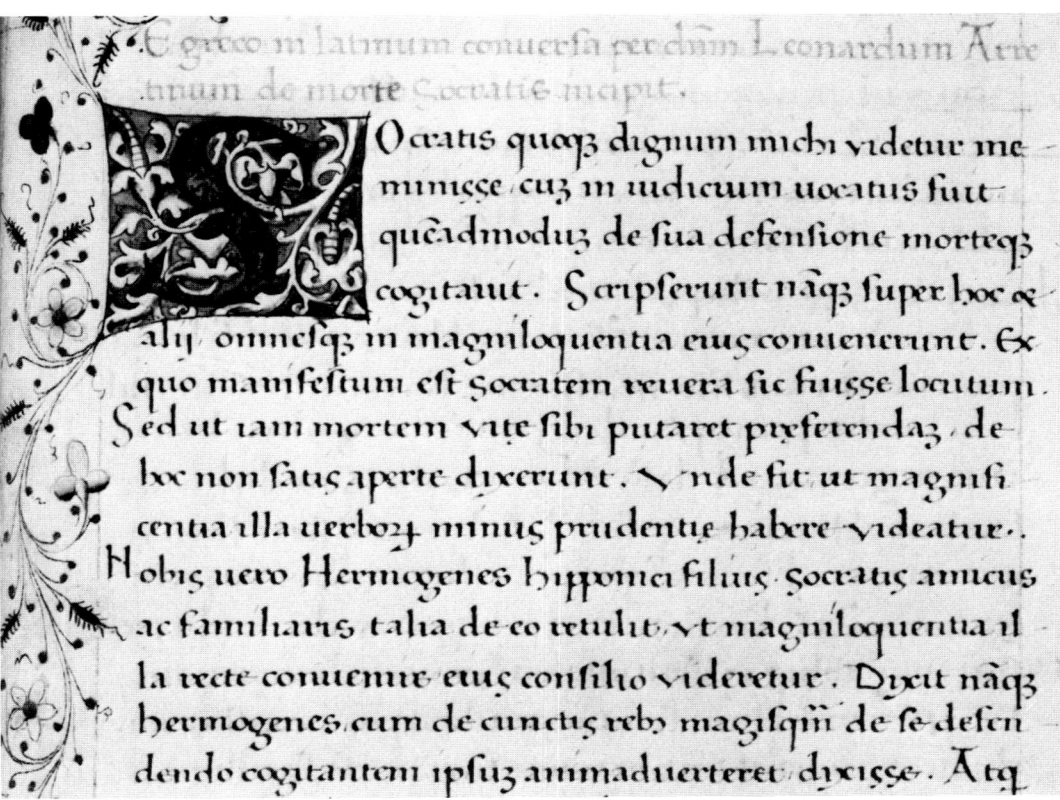

371. **Magdalen College Lat. 39** fol. 97. Padua?, Italy, c.1437.

372. **Laud Misc. 674** fol. 21ᵛ. Bristol, England, 1438.   373. **Canon. Class. Lat. 42** fol. 1. Verona?, Italy, 1438.

374. **Canon. Class. Lat. 224.** fol. 24. Trogir, Yugoslavia, 1438.

375. **Canon. Misc. 26** fol. 26. Venice, Italy, 1438.

376. **Canon. Misc. 295** fol. 17ᵛ. Italy, 1438.

377. **Oriel College 32** fol. 121. King's Lynn, England, 1432.

378. **Canon. Misc. 510** fol. 22. La Clayette, France, 1438.

379. **D'Orville 153** fol. 29v. Germany, 1438.

380. **Douce 372** fol. 32. England, betw. 1438 & 1460.

381. **Add. D. 10** fol. 1. Udine, Italy, 1439.

383. **Lat. th. e. 50** fol. 12. Parma, Italy, 1439.

382. **Bodley 339** fol. 102. Florence, Italy, 1439.

384. **e Mus. 86** fol. 120. London?, England, 1439.

385. **Rawl. G. 48** fol. 26ᵛ. Florence, Italy, 1439.

386. **Magdalen College Lat. 93** fol. 253. Sheen, England, 1439.

387. **New College 219** fol. 86. 1439.

388. **Bodley 418** fol. 73. Montpellier, France, 1440.

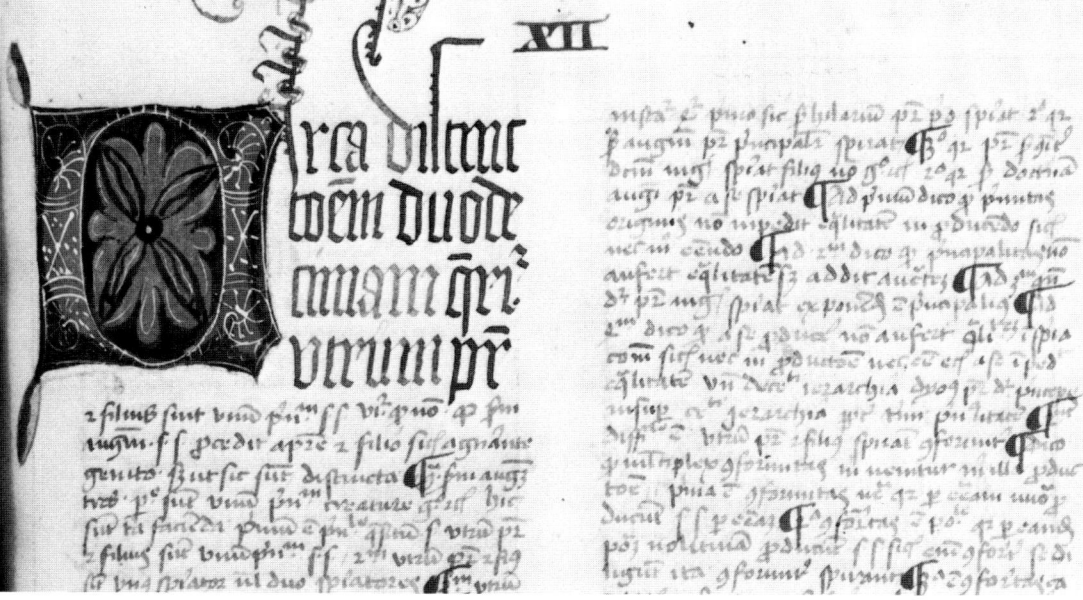

389. **Canon. Misc. 47** fol. 99. Udine, Italy, 1440.

390. **Canon. Misc. 467** fol. 37. Feltre?, Italy, 1440.

391. **Holkham misc. 12** fol. 135ᵛ. Venice or Veneto, Italy, 1440.

392. **Ital. e. 13** fol. 29. Italy, 1440.

393. **Magdalen College Lat. 136** fol. 110ᵛ. Florence, Italy, 1440.

394. **Magdalen College Lat. 191** fol. 1. Florence, Italy, 1440.

395. **Duke Humfrey b. 1** fol. 38ᵛ. King's Lynn, England, betw. 1440 & 1444.

396. **Bodley 585** fol. 4. St Albans, England, betw. 1440 & 1448.

398. **Canon. Misc. 395** p. 51. Lanciano, Italy, 1441.

397. **Canon. Misc. 392** fol. 1ᵛ. Colloredo di Monte Albano, Italy, 1441.

399. **Douce 355** fol. 136. Tübingen?, Germany, 1441.

400. **Lyell 30** fol. 202. Hereford, England, 1441.

401. **Rawlinson G. 47** fol. 70ᵛ. Milan, Italy, 1441.

402. **Selden supra 56** fol. 87. England, 1441.

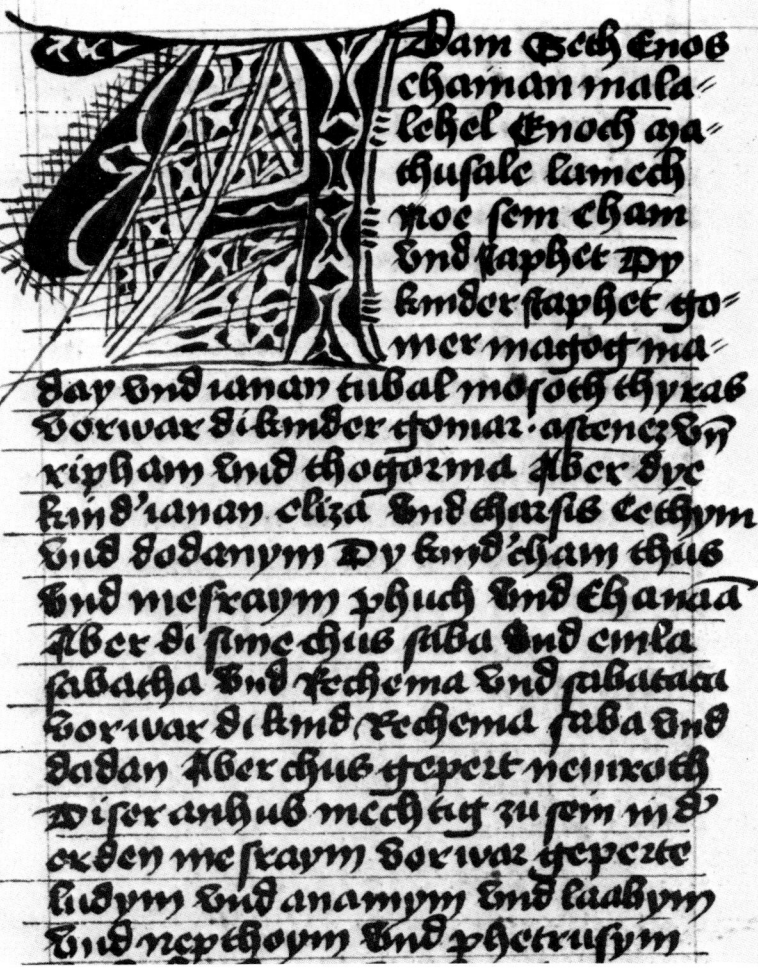

404. **Bodley 969** fol. 217. Nürnberg, Germany, 1442.

403. **Add. C. 252** fol. 1. Italy, 1442.

405. **Canon. Ital. 223** fol. 118. Kotor, Yugoslavia?, 1442.

406. **Canon. Misc. 254** fol. 103ᵛ. Villarbasse?, Italy, 1442.

407. **Canon. Misc. 367** fol. 55ᵛ. Villarbasse?, Italy, 1442.

408. **Canon. Misc. 402** fol. 70. Venice, Italy, 1442.

410. **Hamilton 8** fol. 129ᵛ. Erfurt, Germany, 1442.

409. **Canon. Misc. 486** fol. 102. Paris, France, 1442.

411. **Lat. class. e. 4** fol. 34ᵛ. Brescia, Italy, 1442.

412. **Balliol College 28** fol. 58. Oxford, England, 1442.

414. **Campion Hall 4** fol. 21. North Italy, 1442.

413. **Balliol College 78A** fol. 96ᵛ. Cologne, Germany, 1442.

415. **Balliol College 122** fol. 265. Oxford, England, 1442?

417. **Add. A. 11** fol. 22. Italy, 1443.

416. **Bodley 692** fol. 75. Oxford, England, betw. c.1442 & 1449.

418. Canon. Ital. 33 fol. 6. Venice?, Italy, 1443.

419. Canon. Misc. 36 fol. 3. Italy, 1443.

420. Canon. Misc. 211 fol. 255. Paris, France, 1443.

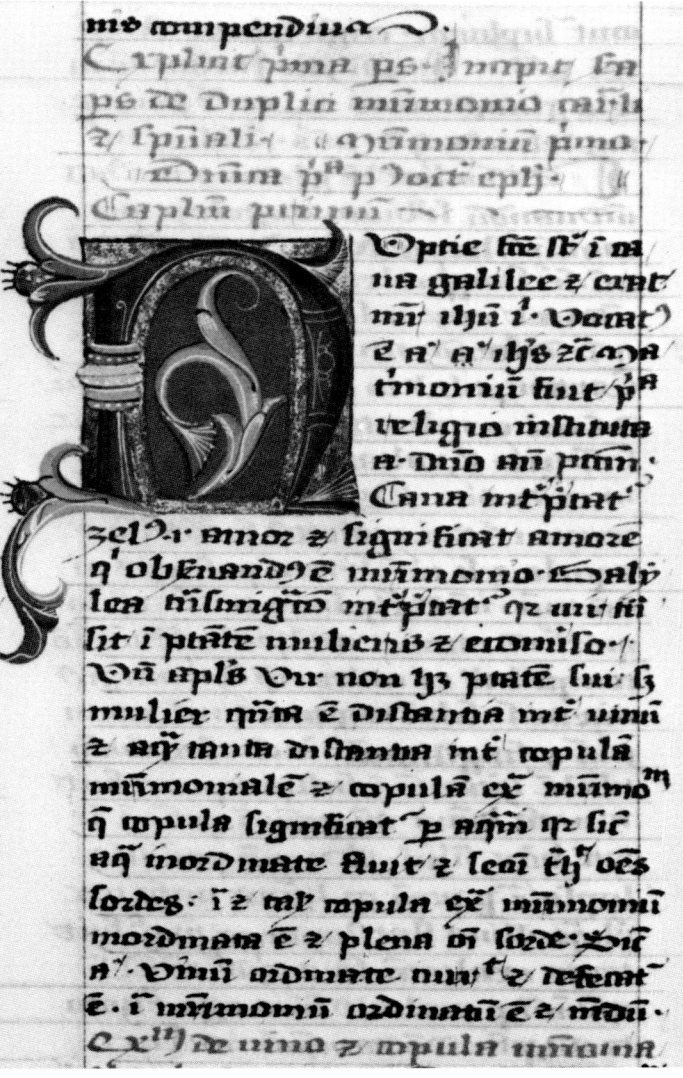

421. **Canon. Pat. Lat. 84** fol. 1. Lanciano?, Italy, 1443.

422. **Balliol College 35B** fol. 39ᵛ. Oxford, England, 1443.

423. **Canon. Ital. 103** fol. 53. Venice?, Italy, 1443?

424. **Canon. Misc. 566** fol. 1. Koper, Yugoslavia, 1443.

425. **Hamilton 35** fol. 285ᵛ. Erfurt, Germany, 1444.

426. (*a*) **Bodley 741** fol. 11; (*b*) **Bodley 742** fol. 302. England, 1444.

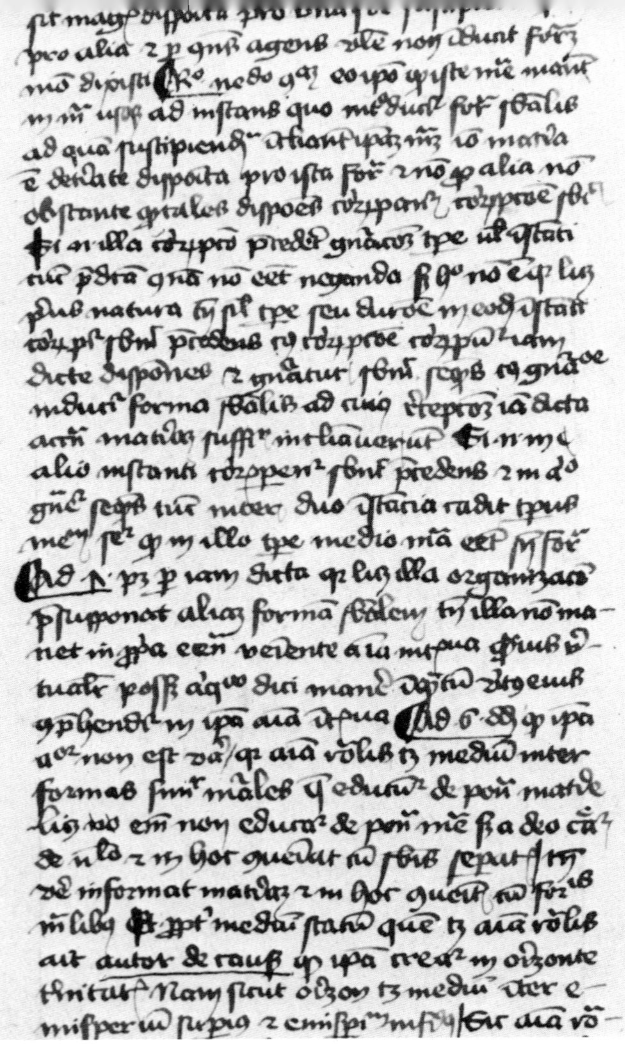
(a)

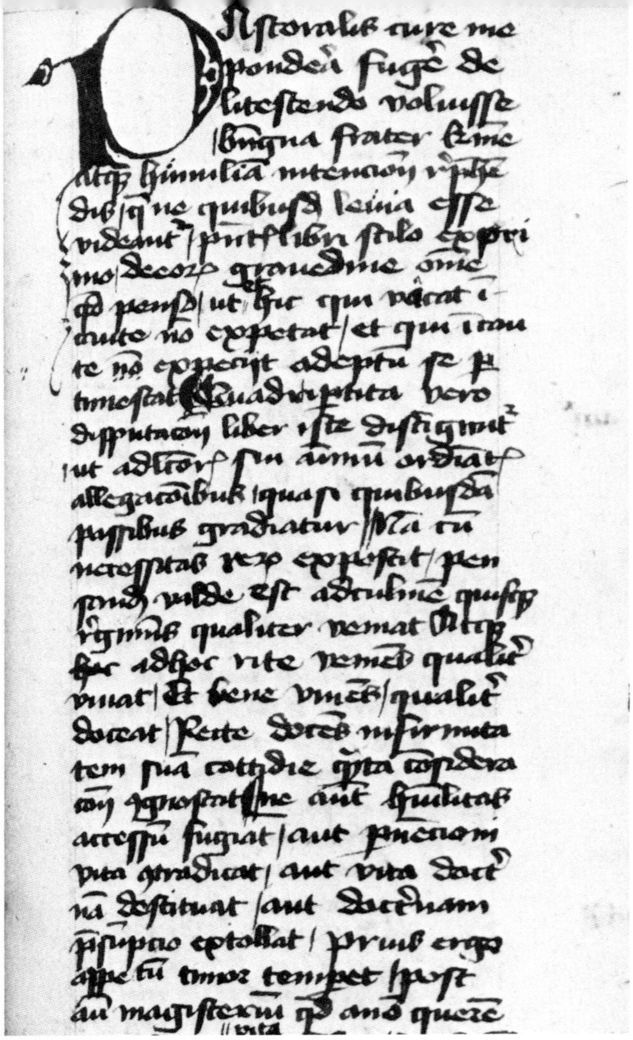
(b)

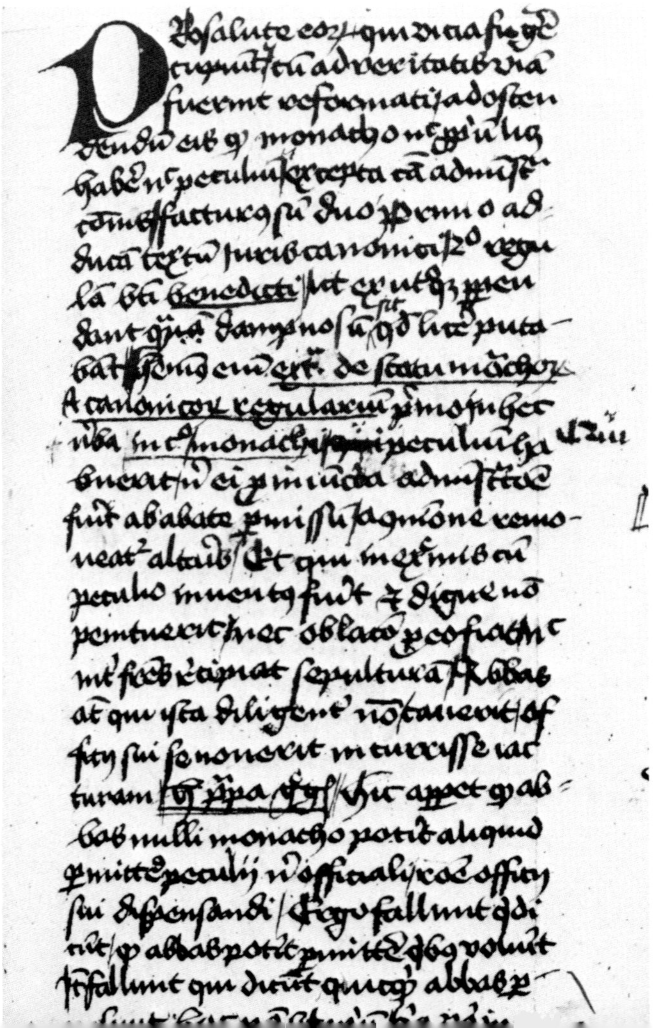
(c)

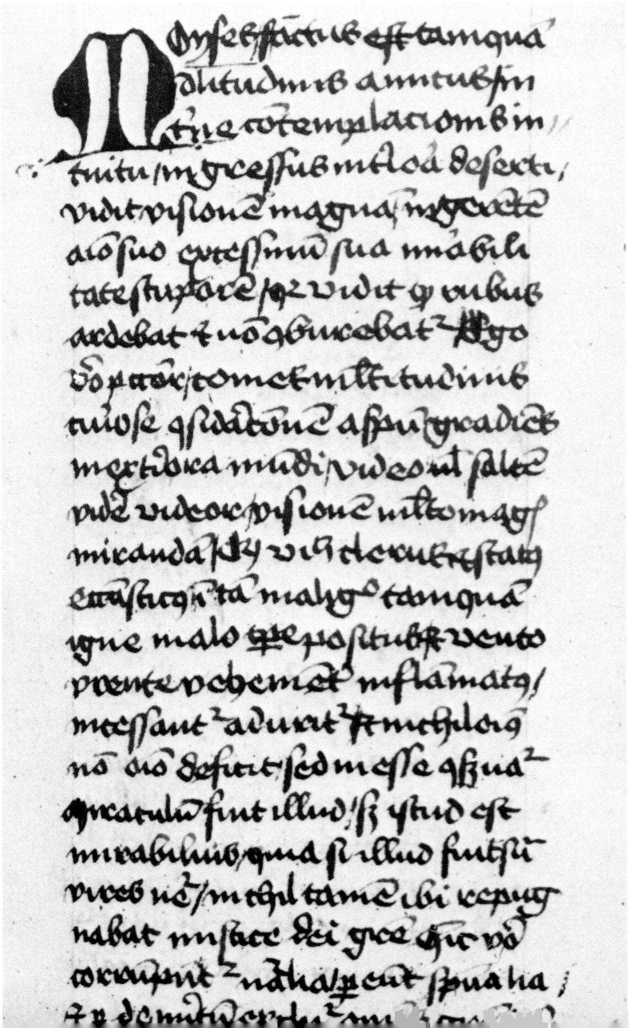
(d)

427. **Hamilton 18.** (*a*) fol. 68; (*b*) fol. 192; (*c*) fol. 238; (*d*) fol. 242; (*e*) fol. 282ᵛ. Erfurt, Germany, 1444.

428. **Balliol College 67A** fol. 196. Cologne?, Germany, 1444.

429. **Balliol College 69** fol. 44ᵛ. Cologne, Germany, 1444.

430. **Balliol College 181** (*a*) fol. 64ᵛ; (*b*) fol. 122. Cologne?, Germany, 1444.

431. **Balliol College 224B** fol. 159ᵛ. Cologne?, Germany, 1444.

432. Hamilton 26 fol. 97. Lebus or Podelzig?, Germany, 1445.

433. Add. A. 187 fol. 11. Verona, Italy, 1445.

434. Canon. Ital. 10 fol. 31. Italy, 1445.

435. **Hamilton 13** fol. 63ᵛ. Erfurt, Germany, 1445.

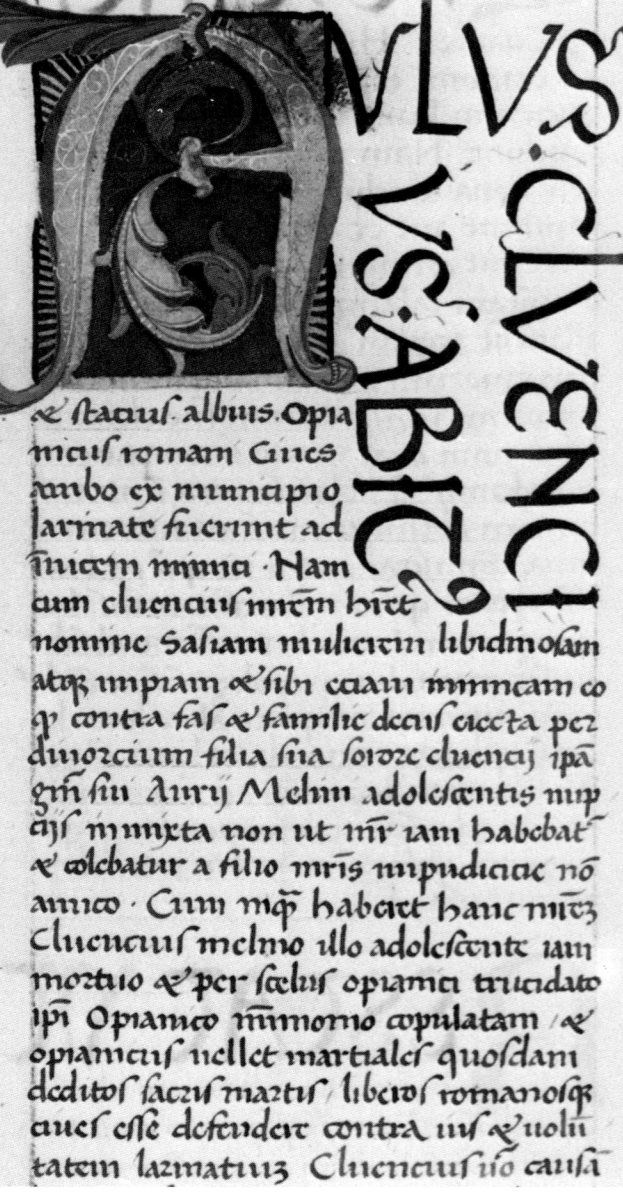

437. **Balliol College 295** fol. 111ᵛ. Padua?, Italy, 1445.

436. **Wood empt. 7** fol. 63ᵛ. England, 1445.

438. **Balliol College 238B** fol. 37ᵛ. Cologne, Germany, 1445.

439. **Canon. Class. Lat. 101** fol. 20. Ferrara, Italy, 1446.

440. **Canon. Class. Lat. 205** fol. 104. Ancona, Italy, 1446.

441. **E. D. Clarke 23** fol. 39. North(?) Italy, 1446.   443. **Merton College 204** fol. 44. England, 1446.

442. **Balliol College 136** fol. 13ᵛ. Ferrara, Italy, 1446.

444. **Canon. Misc. 211** fol. 39.
Paris, France, 1446–1447.

445. **Bodley Rolls 15,** recto.
England, 1447.

446. **Canon. Ital. 287** fol. 1.
Venice?, Italy, 1447.

447. **Lat. misc. e. 91** fol. 23.
Lendinara, Italy, 1447.

448. **Rawl. D. 484** fol. 11.
Netherlands, 1447.

449. **Span. d. 2/1** fol. 2. Seville, Spain, 1447.

IO. CHRI. DE. PRO. DEI. L. PRIMVS EXPLICIT
INCIPIT.   SENDVS LEGE FELICITER

T ISTA QVIDEM DE PROVIDENTIA DEI
utq; ille non aduersans & exectrans: sed & nimium indulgens ac diligens: hoc te exercet modo dixisse sufficiat. Quoniam uero alia etiam ex parte uehementer te anxi questus es: adeo ut sepe numero demon uel pelago: uel precipitio: ut alio quouis informis leti genere: uitam tibi extorquere fere persuadeat. age de huiusmodi quoq; cogitationibus paucis disseramus. Nempe enim solius demonis non est istud consilium, sed etiam meroris, immo uo plus meroris qua demonis: fortasse uo meroris solius. Quod ex eo p

450. Balliol College 154 fol. 74. Florence, Italy, 1447.

IQVIS VESTRVM IVDICES AVT EO
rum qui assunt forte miratur me qui tot annos in causis iudiciisq; publicis ita sim uersatus ut defenderim multos: leserim neminem. subito nunc mutata uoluntate ad accusandu descenderim. is si mei consilii causam rationeq; cognouerit una & id quod facio probabit eti am in hanc causam profecto neminem mihi es se preponendum actorem putabit. Cum que stor in sicilia fuissem iudices. itaq; ex ea prouincia decessissem ut siculis omnibus iocundam diuturnamq; memoriam questure nominisq; mei relinquerem. factum est uti cum summum in ue

451. Balliol College 248B fol. 74. Florence, Italy, 1447.

P siciacus et titan titulosq; sis quoq; sitis·
D uplicat littus·
M precunte uel r aut u producere debes
S ed breues uitulu britones ouisq; intellus
V longaz facit i minis uult hec regula temi·
B isq; notes et tris, et que coponis ab illis
A nte b longa fit o uelut olex obitioq·
E xcipiatur obes uerbis soboles et obesus
P roduces etiaz si duplex consona presit
O s comples. ueluti iocus atq; iocosus ·
A tq; iocos proceres oculus uoco. sed retrabat
I ocundus uocis proceres et ocior aedis

452. Keble College 3 fol. 29. Italy, 1447.

NON EST apud me dubium Constantine imperator maxime: quin hoc opus nostrum quo singularis ille conditor: & huius universi rector asseritur: si quis attigerit ex istis inepte religiosis: ut sunt nimia superstitione inepti impatientes: insectetur etiam maledictis: & uix lecto fortasse principio affligat: proiciat: exsecretur: seq̃ inexpiabili scelere contaminari atq; astringi putet: sibi aut legat patienter aut audiat: Ob hoc tamen si fieri potest humanitatis iure postulamus: ut non prius damnet q̃ universa cognouerit. Nam si sacrilegis & proditoribus & ueneficis potestas defendendi sui datur nec praedamnari quenq̃ incognita causa licet: non iniuste peti uidemur: ut si quis erit ille qui inciderit in libri: si legit perlegat: si audiat sententiam differat in extremum. Sed noui hominum pertinaciam, nu q̃ impetrabimus. Timent ne reuera a nobis reuicti damnari dare

453. **St John's College 35** fol. 90ᵛ. England, 1447.

Lusty flowres, yeddes of fresshe flavres
Whiche clothes haþe þe soyle in lusty grene
Made buddes sprynge with hir sote showres
By influence of þe sonnes so shene
To do plesaunce, of entent ful clene
Vn to þe statues whiche þe noble swete here
Haue vsere doon, sent hir olden doughter dere
Making þe erthe þat dried in þe roote
Called of clerkes þe erthe profytable
For to trauerse moste helsome and moste swote
In to þe crops pure saysoun so agreable
Þe bawmy licoure, is so comendable
Þat it werkyþ with þe fresshe moysture
A-yen beste and foule and euery creature
Whiche hane repressed selaged and bredouu
Þe grevous constreynte of þe frosty herd
And tam seid feeblis for rage of þis saysoun

454. **Ashmole 59** fol. 62ᵛ. London, England, betw. 1447 & 1456.

Terra finis. demipho senex. cratinus. hegio.
Quanta me cura & solicitudine affecit ad nocti
gnatus. qui me & se hisce impediuit
nuptiis. neq; mihi in conspectu prodit: ut
alter sciaz quid de hac re dicat. quid ue
it sententie. abi tu. uise redierit necne.
In mundi domu. G. e. eho. de. uidetis.
Quo in loco res hec fit. quid ago? dic hegio.
Ego cratinum censeo. si tibi uidet. d. em. dic
cratine. era. me ne in. d. te. era. ego
Que in re tua sint. ea uelis facias. mihi
Sic hoc uidet. qd te absente filius hic
git. restitui in integrum. equum ac bonum est
t id impetrabis. dixi. d. e. dic nunc hegio.
Ego sedulo hunc dixisse credo. uerum ita est
Quot homines. tot sententie. suus cuiq; mos
Mihi non uidet. qd sit factum legibus rescindi
posse. & turpe inceptu est. d. e. dic crito.
Ego amplius deliberandum censeo. res magna
st. hegio. nil quid nos nis. d. e. fecistis
robe. incertior sum multo q̃ dudum.

455. **Canon. Class. Lat. 104** fol. 121ᵛ. North Italy, 1448.

Agragas. Mons est muro cincti cui suma
pte oppidum est. Vn cuc ait Ad mare
intra moenia an oppidum expectabat.
De Vere. Notadum sane hoc. Virg. gtum
ad sua epra spectabat dice. no gt u ad opus.
Aenea cum nauigate n fuerat camerina
siccata nec Gela. nec ut Agrigetu ostite.
qd frege fac. Sz ne ideo utriosu e e qa ex
psona narant Aeneae M gnm u quoda
gnator ecy. Sm Fundarum quonda Agri
gentum equos ad Agones Graeciae mit
tebat. q inde uictores reutebant. legim et
illud. Cu i Capadocia greges equo pius
sent. Delphici Apollini resposo adduxut
equos de Agrigeto et rapure meliores.
Falmola Selenu. ciutas iuxta lulibeum.
habudas palmis et apio. Drepani. ciutas
e no longe a mote Erutho. cas lolibeu
dicta ut ee ciuutura litor tqb posita
et in eris iduc amantem Medea. Inde

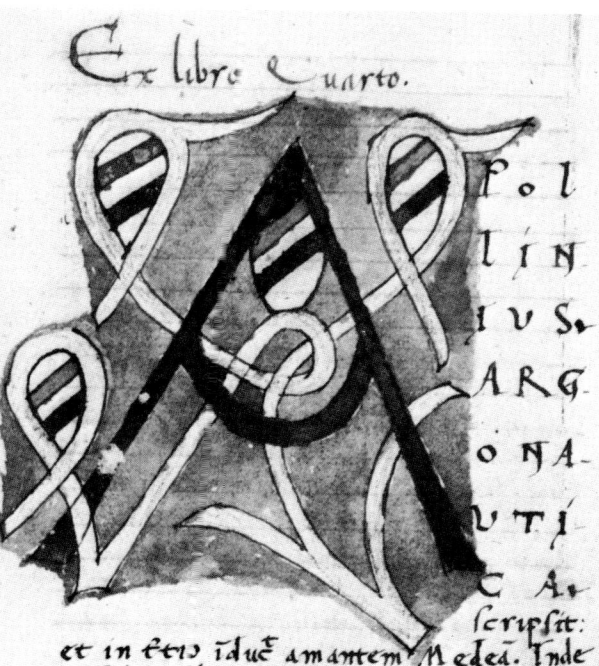

Ex libre Quarto.

A pol
lin
ius
Arg
ona
uti
ca
scripsit:

456. **D'Orville 36** fol. 39^v. Italy, 1448.

[middle section of Italian/Latin manuscript text in three columns]

457. **D'Orville 552** fol. 280. Tuscany, Italy, 1448.

EIVSDEM DE VITA ET EXERCITATIONE MONASTIC$\mathcal{E}$.

OLOR ME IN VERBA CONPELLIT
& indignitas mea ut taceam imperat. Cordis
mei cruciatus perurgent loqui: & peccata mea
silentium potius tenere suadent. Quoniam igitur
utrinq; angustor: expedit mihi magis loqui: ut
sic á merore cordis mei requiescam. Anima mea doloribus plena est
& oculi mei lacrimas concupiscunt: Quis dabit capiti meo aquam: &
oculis meis fontem lacrimarum: ut plangam indesinenter die noc
tuq; uulnera animae meae: nimiamq; mollitiem institutionis mona
sticae: etate nostra uigentem? Est enim mille perfossa uulneribus

458. **Balliol College 78B** fol. 123^v. Florence, Italy, 1448.

459. **Balliol College 238B** fol. 80. Rome, Italy, 1448.

460. **Corpus Christi College 287** fol. 3. Italy, 1448.

461. **Add. A. 100** fol. 1. Avignon, France, 1449.

462. **Canon. Class. Lat. 233** fol. 57. Italy, 1449.

463. **Canon. Ital. 211** fol. 94ᵛ. Italy, 1449.

464. **Canon. Misc. 12** fol. 2. Cremona, Italy, 1449.

465. **E. D. Clarke 24** fol. 218ᵛ. Bologna, Italy, 1449.

466. **Hamilton 43** fol. 258. Erfurt, Germany, 1449.

467. **Laud Misc. 431** fol. 2. Eberbach?, Germany, 1449.

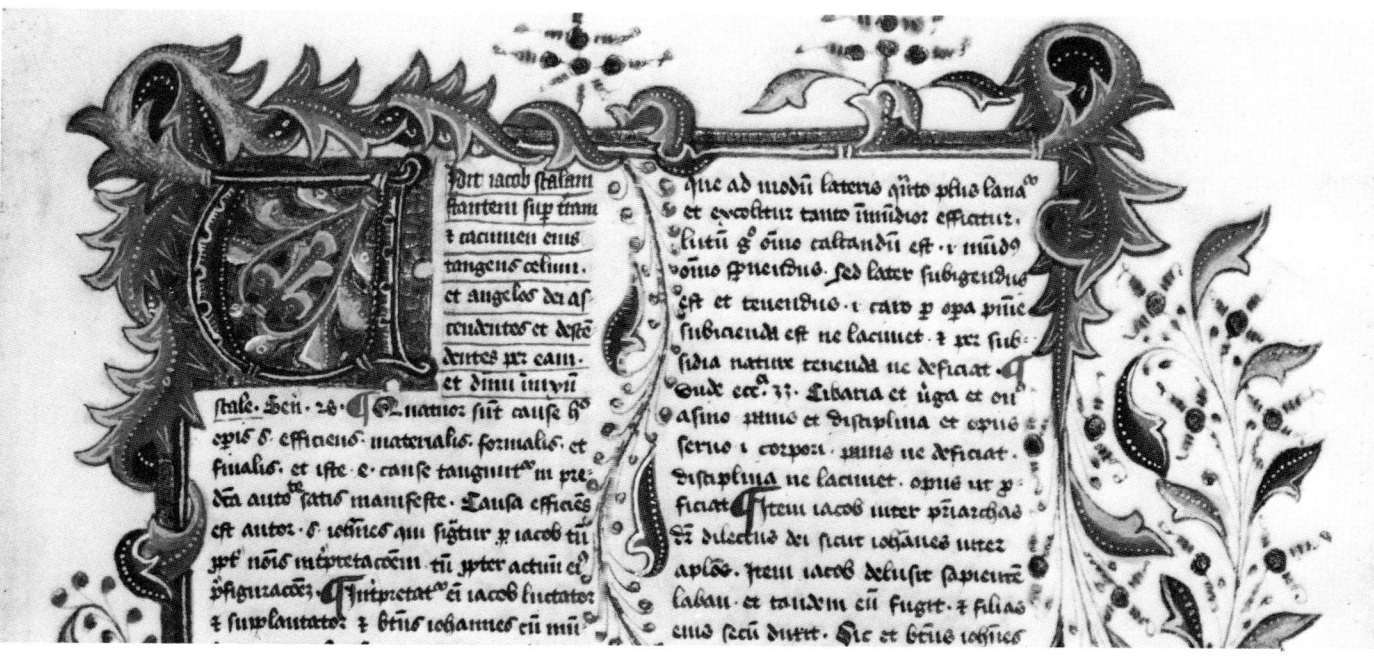

468. **Magdalen College Lat. 150**
fol. 158. Sheen?, England, 1449.

469. **Merton College 179** fol. 1. England, 1449.

470. **Canon. Class. Lat. 211** fol. 100. Italy, 1450.

471. **Canon. Ital. 64** fol. 5ᵛ. Italy, 1450.

472. **Canon. Pat. Lat. 203** fol. 5. Italy, 1450.

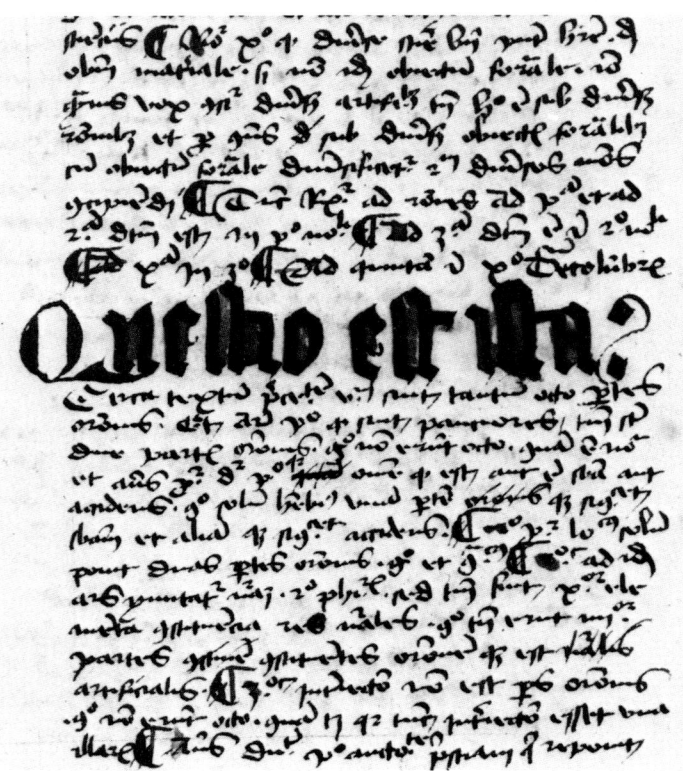

473. **Lat. misc. e. 82** fol. 13ᵛ. France, 1450.

M.T. CICERONIS ORATIO PRO T. A. MILONE EXPLI͡Cꞇ. INCIPIT
PRO. P. SILLA.

Maxime uellem iudices ut. P. Silla ⁊ antea dignitatis sue splē
dorez obtineret. ⁊ post calamitatez acceptaz modestie fructū
aliquez potuisset percipere. Sed qm̄ ita tulit casus infestus
ut amplissimo in honore, tū cōmuni ambitionis inuidia, tū
singulari antonij odio euerteretur, ⁊ in his pristine fortune reliquijs
miseris ⁊ afflictis, tn̄ haberet quosdaz quoꝫ aī os ne supplicio qdes suo sa
tiare posset. qd ex huius incōmodis magnaz aīo molestiaz capio, tn̄ ī
ceteris malis facile patior, oblatuz mihi tēpus in quo boni uiri lenitatez
meaz mīsricordiazqꝫ notas om̄ibus quodaz, nūc eꝫ intermissaz agno
scerent īprobi ac perditi ciues, redeunti atqꝫ uicti precipitante re. p.
uehementez me fuisse atqꝫ fortes, cōseruata mites ac misericordes fa
terentur. Et qm̄ .L. torquatus meus familiaris ac necessarius iudices

474. **Laud Lat. 48** fol. 209ᵛ. Rome?, Italy, 1450.

Allegorie .

Comme prudence ⁊ sagesse soit mere et conduisser
resse de toutes vertus sans la quele les autres ne
pourroient estre bien gouuernees est il neccessaire a
lespeirt cheualereux que de prudence soit aourne come
dit saint augustin ou liure de la singularite des
clers que en quelque lieu que prudence soit legiere
ment peut on cesser et aneantir toutes choses contrai
res mais la ou prudence est despitee toutes choses
contraires ont seigneurie Et a ce propos parle salemo
es prouerbes. Si intrauerit sapientia cor tuum et
sciencia anime tue placuerit consilium custodiet te
et prudencia seruabit te·

475. **Laud Misc. 570** fol. 28. France, 1450.

Non dubito praestantissime pater: nonnul
los esse futuros qui hunc meum laborem
non quidem aperte reprehendant: quis
enim tam iniquus est iudex qui honestū
negotium culparet: sed imparem dicant
uiribus meis qui nequiuerim onus suscep
ti muneris sustinere. Quibus ego forsan assentiar &
opus a me inchoatum: maiori dignum ingenio & eloque
tia profitebor. Sed & illud etiam addam exertity gratia
pocius q̄ dotendi studio descendisse me in hoc ueluti cer
tamine nobilitatis: in quo postmodum reliqui maiori cū
laude & dicendi copia uersarentur. Equidem miror ali

476. **Balliol College 127** fol. 117. England, 1450.

477. **Balliol College 287** fol. 91ᵛ. England, 1450.

478. **Savile 55** fol. 16. Aachen, Germany, 1450.

479. **Add. D. 39** fol. 1. Venice?, Italy, 1451.

M. TVL. CICERONIS AD Q. FRATREM LIBER SECVNDVS DE ORATORE.

MAGNA NOBIS PVERIS Q. FRATER SI ME
moria tenes opinio fuit L. Crassum non plus attigisse
doctrinae q̃ quantum prima illa puerili institutione potuisset.
M. autem Antonium omnino omnis eruditionis expertem atque
ignarum fuisse. erantq̃; multi qui quamq̃ ita se habere arbi
trarent̃: tamen quo facilius nos incensos studio discendi a do
ctrina deterrerent: libenter id quod dixi de illis oratoribus
predicarent: vt si homines non eruditi summā esset pruden
tiam atque incredibilem eloquentiam consecuti inanis omnis
noster esset labor. & stultū in nobis erudiendis patris nost̃

480. **Canon. Class. Lat. 218** fol. 36ᵛ. Novigrad, Yugoslavia, 1451.

481. **Lyell 63** fol. 206ᵛ. Nürnberg, Germany, 1451.

482. **Merton College 59** fol. 90ᵛ. Oxford, England, 1451.

483. **Ashmole Rolls 6** fol. 1ᵛ. England, *c.*1451.

cacth a morsel of flesch þat day he is a man for euyr· Thus sodeyn
ly ye cartes go down and ye men be redy with sperys for to gor
ye bestis so that for ye grete descence and sodeyn fro ye hill
and hurt of ye bestis and cry of ye men ye ger breketh and
ye bestis are loos a ful onlikly game me þouȝt it was When yat
flesch is hewe with rusty heren and sume men hurt and sume
dede but þis is her elde game Which þei can not leue Anothur
game is þere of more gentill sport for þei ridyn fro ye foot of þis hill
to ye mout canale · and Who ride best schul haue a cloth of selk
to his reward as we seyd be for When we spoke of ye same hill

Of ye gouñours î rome fro romulꝰ on to tarqm̄ cap xxv
Whil we make recapitulacon of all ye gouñours of rome
fro romulus on to frederik and spak in þis chapetre of
ye vij kyngis yat regned þer furst romulus is we seide
be fore was first kyng and gouñor of rome aftur tyme

484. **Bodley 423** fol. 372v.
King's Lynn, England,
betw. 1451 & 1461
or 1464.

...write techeth vs iij maneris
...welve woll speke of þ' yefte of entendemet
...by writte techeth vs iij maners
...of lifes by the wich a ma co-
...eth to euerlastyng life ¶ The ferste
...clepid actife for yat wich sche is in
...bour of good workys and maketh...
...to entende to the profite of his sowle
...d of his neschebores ¶ The seconde
...cleped contemplatife ¶ For that þat
...is in pease of herte ne auiterne
...of no thyng ontward ne entendith
...t to knowe god and loue hym

is wey and entre in to the seconde ¶ For
noo may come in to the life contempla
tife (if he be not well prouedde in the
life actife as seith seynte gregorye ¶ The
yestes of the vertues Where of we haue
spoke a boue apertene to the ferst the
wich is cleped actiue ¶ The ij laste Where
of we schol speke with the helpe of the
holy goste ¶ That is to witte the yefte
of entendemet and the yefte of sapiens
aptenen to the seconde life wich is cle
ped contemplatife ¶ This life is in ij
thyngys as we haue aboue towchid

485. **e Mus. 23** fol. 121.
England, betw.
1451 & c.1471.

circum scriptor Phaedon :

PHAEDON eliensis nobili ex famulia cū p͠a una cōphen-
sus coactus est inter cellulam infamis questui addicere.
Aduecto tn̄ hostiolo socratis contubnio magisterioq̄ fouebat
quo ad ipsum alcibiade seruato socrate monete redime-
ret. Ex eo iam philosophabatr̄. hunc hieronimus in libro de
assensu retinedo seruū fuisse asseuerans. Scripsit aut dia-
logus dequib; nichil dubitatr̄. Gopyan et simone de uicia
controuersia est. Medium quē eschinus esse pleriq̄ tradunt.
Aliquō polygeni Antimachū suū senes; et de hoc ambiguū.
Stoicos simones quos etia quidā eschinus esse asseue rāt.
Successor aut eius fuit plistanus heliensis et abeo teuq̄
menedemus ereticus: asclepiades philasius astilpone et

486. **Bywater 2** fol. 29.
Urbino, Italy, 1452.

LEONARDI DE BELLO ITALICO AD
VERSVS GOTHOS GESTO LIBRI IIII.
INCIPIVNT AD R. P. D. IVLIANV
CARDINALEM S. ANGELI.

Etsi longe michi iocundius fuisset italie felicitatem q̄ clades referre: tamen quia tempora sic tulerūt: sequemur & nos fortune mutabilitatem gothoꝝ q̄; inuasionem & bellum: quo italia tota pene euersa fuit in his libris describemus. Dolorosam profecto materiam: sed pro cognitione illoꝝ tempoꝝ necessariam. Neq̄; enim xenophontem atheniensem sūmo ingenio uirum, cum obsidionem & famem ac diruta menia athenaꝝ descripsit: non dolenter id fecisse reor. Scripsit tamen quia utile putabat illaꝝ reꝝ memoriam non deperire. Neq̄; liuius noster cum urbem romam a gallis captam & incendi

488. **Canon. Misc. 550** fol. 3. Florence, Italy, 1452.

A Roma come dice tito liuio della sa
guerra dafrica, fu annūtiato chame
du icōsoli cō tutti lessati erano uccisi
et pduti, onde roma essendo salua ma
nō ebbe tanto dolore et rauuilupamēto
et romore, quāto allora fu dentro alle sue
mura, publio furio filo et marco pōpo
nio pretori chiamarono i senatori nella
corte p cōsigliare sopra laguardia della
citta, p che nō dubitauano che scōfitti
lessati. Anibale douesse uenire acōbat
tere lacitta, ilpianto et lestrida delle
donne che si lamentauano erano p tutta
lacitta et intutte lecase. Allora fabio
maximo cōsiglio che arditi et eletti gio
uani fossono mandati p lauia larga et
p lauia latina acercare di qualunque
ritornasse dello stato decōsoli et delles
sati, et doue, Anibale dopo lasconfitta
fosse uenuto et quelche facta o apparec
chiaua di fare, et che ledonne maggio
rente fossono tolto uia dal luoghi publichi

489. **Digby 199** fol. 73. Pisa?, Italy, 1452.

490. **Lyell 76** fol. 135. Italy, 1452.

◀ 487. **Canon. Liturg. 379** fol. 13. Florence, Italy, 1452.

491. **e Mus. 5** fol. 109ᵛ. England, 1452.

492. **Exeter College 58** fol. 33ᵛ. Oxford, England, 1452.

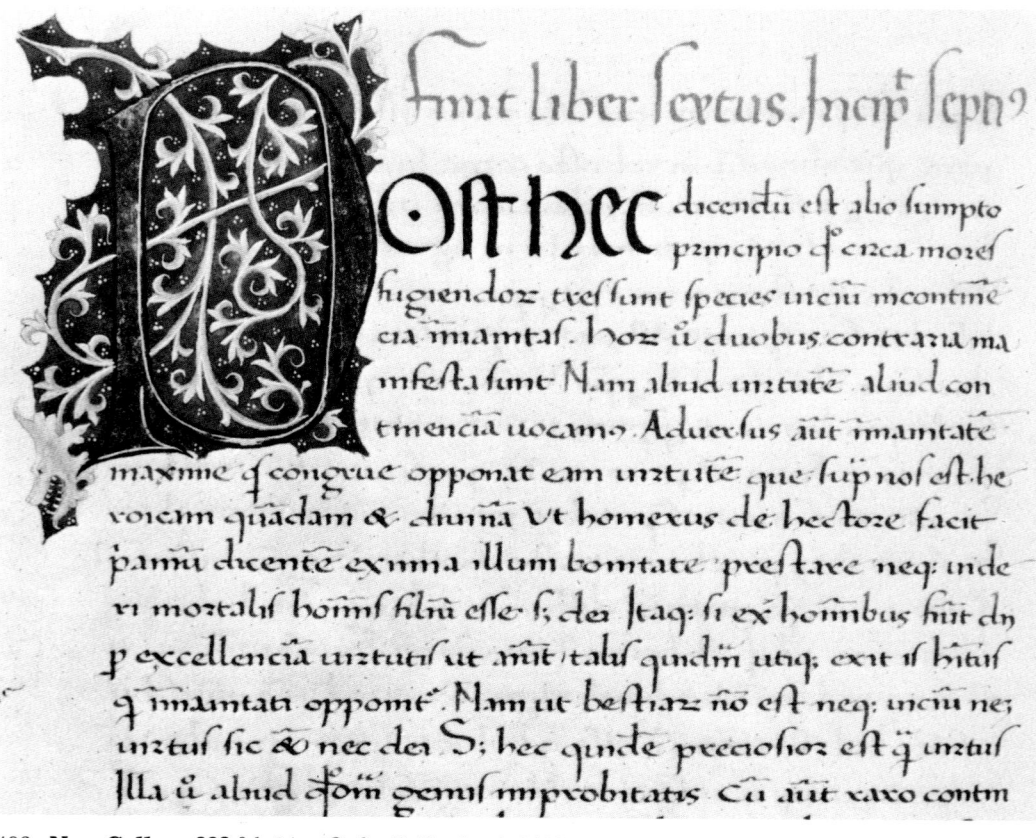

493. **New College 228** fol. 54ᵛ. Oxford?, England, 1452.

494. **New College 291** fol. 36. England, 1452.

496. **Lyell 61** p. 178. Melk?, Austria, 1453.

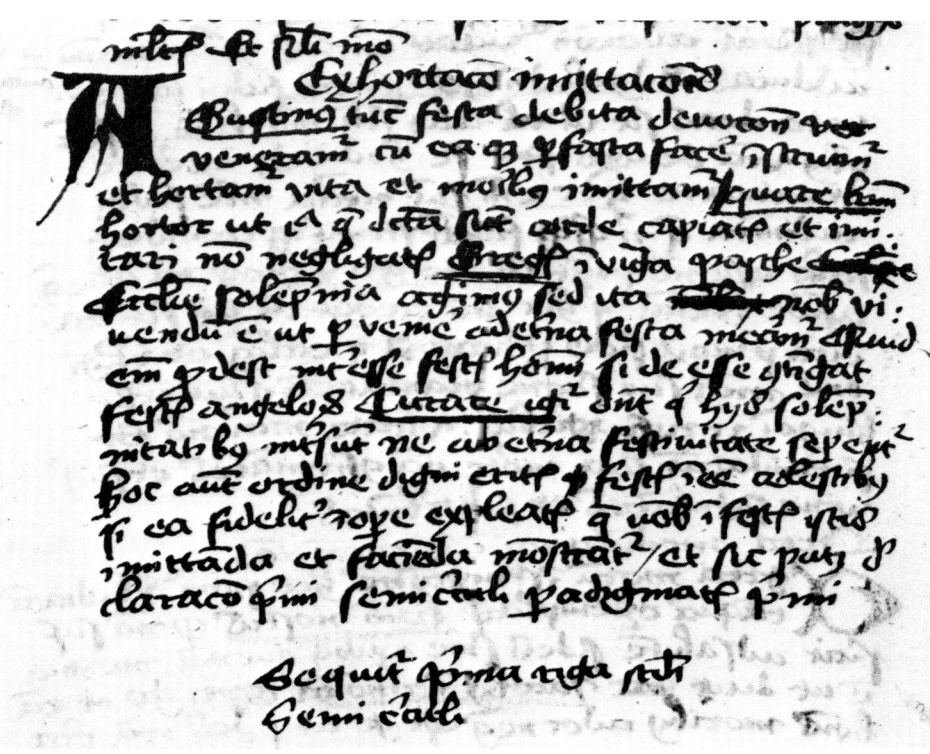

495. **Lyell 51** fol. 91ᵛ. Wasserburg?, Germany 1452 or later.

497. **Canon. Class. Lat. 66** fol. 312. Italy, 1453.

498. **Canon. Class. Lat. 131** fol. 21ᵛ. Italy, 1453.

499. **Canon. Class. Lat. 240** fol. 79. Pavia, Italy, 1453.

500. **Canon. Ital. 259** fol. 1. Venice, Italy, 1453.

501. **Canon. Ital. 273** fol. 1. Venice, Italy, 1453.

502. **Canon. Misc. 360.** (*a*) fol. 39; (*b*) fol. 100. Pavia, Italy, 1453.

503. **Canon. Misc. 511.** (*a*) fol. 1; (*b*) fol. 115. Venice?, Italy, 1453.

504. **Canon. Pat. Lat. 11** fol. 1. Italy, 1453.

505. **Lat. Class. e. 17** fol. 42ᵛ. Conegliano, Italy, 1453.

506. **Lat. th. e. 3** fol. 72. Lübeck, Germany, 1453.

507. Laud Lat. 58 fol. 35. Rome?, Italy, 1453.

At unā luxuria primū. tū hic cōplata egestas rei familiaris simul occasio. q̄ in extremis finibz mondi arma romana peregrinabant. in nepha ria cōsilia opprimēde patrie sue cōpulere senatū cōfodere cōsules trucidare distringē incēdys urbez diripē erariū. totā denuq̃ funditus rē.p. tol lere. et q̄cq̄d nec hanibal uideret optasse qbus o nephas socys aggressus ē. spe patricius. sed hoc minus ē. curi porty. sylle. cethegi. Antrony Vargontei atq̃ longini q̄ familie. q̄ senatus insignia lentulusq̃z tūc cū maxime ī preter hos omes in manussimi facinoris satelutes habuit. Additū ē pignus coniurationis sanguis humanus. quez circulatū paterys bibere. sūmuz nephas nisi amplius esset. ppq̃d biberū. Actū erat de pulcherimo imperio. nisi il-

508. Lyell 63 fol. 301. Nürnberg, Germany, 1453.

510. **Magdalen College Lat. 4** fol. 203. Oxford, England, 1454 or before.

511. **Add. A. 167** fol. 30. Italy?, 1454.

512. **Add. B. 54** fol. 30. Siena?, Italy, 1454.

509. **Laud Misc. 610** fol. 107. Ireland, 1453.

514. **Canon. Class. Lat. 265** fol. 29ᵛ. Ferrara, 1454.

513. **Canon. Class. Lat. 198** fol. 29ᵛ. Venice, Italy, 1454.

515. **Canon. Ital. 136** fol. 25. Venice?, Italy, 1454.

516. **Canon. Misc. 66** fol. 49. Treviso, Italy, 1454.

517. **Canon. Pat. Lat. 124** fol. 35. Muggia?, Italy, 1454.

518. **Lat. class. d. 2** fol. 38ᵛ. Ferrara, Italy, 1454.

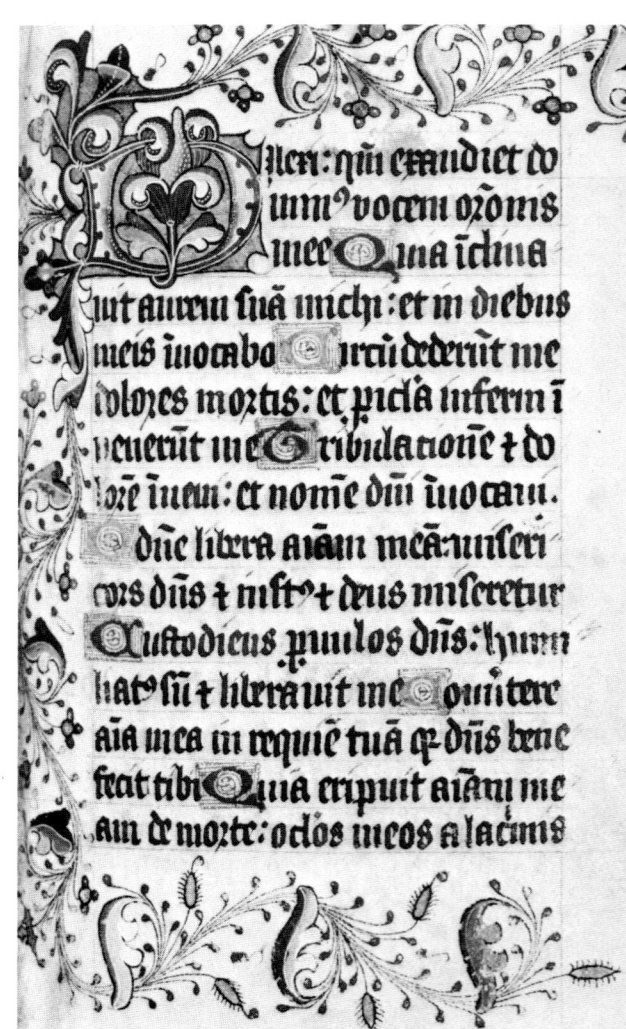

520. **Rawl. liturg. f. 3** fol. 70. London, England, c.1454.

519. **Laud Misc. 721.** (a) fol. 10; (b) fol. 335. Eberbach?, Germany, 1454.

521. **Add. C. 192** fol. 100. Cortona?, Italy, 1455.

522. **Bodley 468** fol. 7. 1455.

523. **Bodley 563** fol. 194. Oxford?, England, 1455.

AD NICOLAVM PAPAM V. POGGII FLORENTINI DE VARIETATE FOR TVNE INCIPIT PROEMIVM

MVLTA QVONDAM PACE AC bello preclara ante ninum assy rioz regem fuisse arbitror: que scriptoz inopia nulla ad nos eoz traducta cognitione uetustas absumpsit. Feliciora post modum extitere secula: qz res lumen litteraz nacte splendorem suu ad posteros transfuderunt. Magnam igitur utilitatem afferre mortalibus historia censeri debet & plurimi extimandam beneficio cuius tum dicta tum facta supioz haud quaqz obliuione hominum sepulta ad hec usq; tempora magna ex parte propagata sunt. Hec diligens custos & fida preteritoz memoria dicenda est. hec sola illustrium uiroz facta uirtutesq;

524. **Buchanan d. 4** fol. 2. Florence, Italy, 1455.

525. **Canon. Ital. 213** fol. 53. Budva, Yugoslavia, 1455.

526. **Canon. Ital. 285** fol. 98. Italy, 1455.

ce vivus. tunc ex quo prorsus muliere in puerperio de-
cedere constiterit si partum credant vivere obstetrices ap-
posito statim et subito post mortem baculo in ore mulieris ut
sic infans cito spiramen recipiat. Aperiatur mulier mortua
per aliquam partem sine mora ut partus si vivus fuerit bap-
tizetur. Et ut quilibet se ad hoc exhibeat promptiorem quicumque aperiendo taliter mulierem partum procurabit baptizari
in remissionem sibi proficiat peccatorum. Et hoc per ecclesias singulis annis publicetur. Sin autem per partum cum matre simul mori contingerit sine apertione mulieris in cimiterio
ecclesie tumuletur. Caveant autem quicumque quod aliter nisi
mortua muliere non fiat incisio seu apertio qui usquequaque sit
periculum perdendi infantem quia minus est infantem perire
quam homicidium in matre committere. Non enim sunt facienda
mala ut veniant bona. Et quia quisquis ordinat divina ma-
iestas quod monstra nascatur hoc rationabiles ut puta ut sint

Contra qua tradit Ost.

Et si puer cum duob; capi-
vel als diano q̄ si vere
sit duas ec mas

527. **Canon. Liturg. 336** fol. 18. Milan, Italy, 1455.

---

magna venenositas. Cm. 16m. de plantis venenosis
De plantis vero venenosis quedam sunt venenose per succum
earum. quedam per fructum. quedam per semen. Cm. de succis venenosis
Suchus quidem cicute. et malorum cucumeris asinini et epithimi
et lithee et bottomarim et coriandri et mandragore. Et papaveris nigri de quo fit opium. Et suchus scariole lattantis. de quo
fit samonea. et suchus napelli et oleandri. et mezereon. et ellebori
nigri. et vitis albe. et brionie. hii omnes suchi sunt venenosi.
Cm. 17m. de fructibus venenosis
Fructus vero venenosi sunt sic cornua oleandri. et cornua abedgar
et anacardi. et nuces et avellane rancide. et coloquintida. que fis-
taria fuit nata in arbore sua. fichus pharaonis et poma mandragore
et similia. Cm. 18m. de seminibus venenosis
De seminibus venenosis sunt semen iusquiami et baccalauri rancida. et
semen camputie. semen urtice. et papaveris nigri. Et semen
ellebori. et cicute. et serpentarie et filia.

Capitulum. 19m. de mineralibus venenosis
De mineralibus sunt sicut argentum vivum. quod iuvatur in effectu
sue venenositatis a sua humiditate putrefaciente humi-
ditatem cordis naturalem. et a frigiditate congelante sanguinem cordis
ut argentum sublimatum. quod fit ex argento vivo per sublimationem
similiter gissium est venenum minere frigiditatis congelans san-

Canon. Misc. 127 fol. 13. Milan?, Italy, 1455.

QVANQVAM me nomine negli-
gentie suspectum tibi ee doleo. tn non
tam mihi molestum fuit accusari ab
se officium meum. q̃ iocundum requi-
ri presertim. q̃ in quo accusabar. culpa
vacarem: in quo aut desiderare te significabas meas literas
pietatem ferf p̄ spectum. mihi quidez. sed tamen dulcem. et op-
tatum amorem tuum. Equidem nemini pretermisi. qui
quidem ad te perventurus putaretur: cui litteras non dederim.
Et enim quis est tam in scribendo piger q̃ ego? At vero
bis ter ne ad summum. et eas q̃ breves recepi. Quare si iniquus es in me iudex. condemnabo eodem ego te crimine. Sin
me id facere noles. te mihi equum prebere debebis. Sed de
litteris hactenus. Non enim vereor. ne non scribendo te expleam
presertim si in eo q̃ studium meum non aspnabere. Ego te abs
fuisse tam diu a nobis et doleo. q̃ carui fructu iocundissime co-
suetudinis. et letor q̃ absens omnia cu maxima dignitate eg-
consecutus. q̃ q̃ mihi omnibus tuis rebus meis optatis fortuna
respondit. Breve est q̃ me tibi preaperire meis incredibiliter te

529. **Laud Lat. 63** fol. 1. Padua?, Italy, 1455.

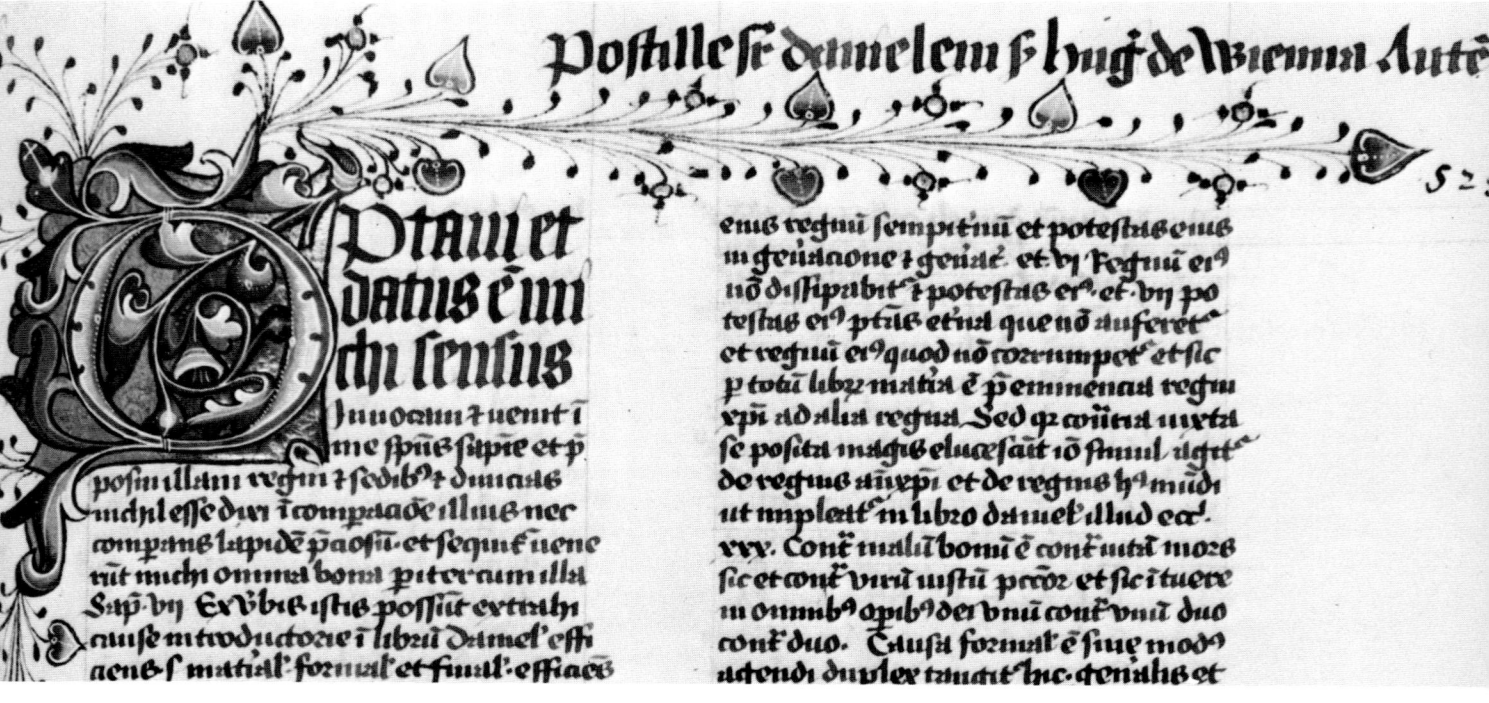

530. **Lyell 62** fol. 1. Venice, Italy, 1455.

531. **Lat. th. b. 5** fol. 525. England, 1456.

532. **Canon. Class. Lat. 286** fol. 14. Venice, Italy, 1456.

534. **Canon. Misc. 3** fol. 106. North Italy, 1456.

535. **Canon. Misc. 474** fol. 1. Milan, Italy, 1456.

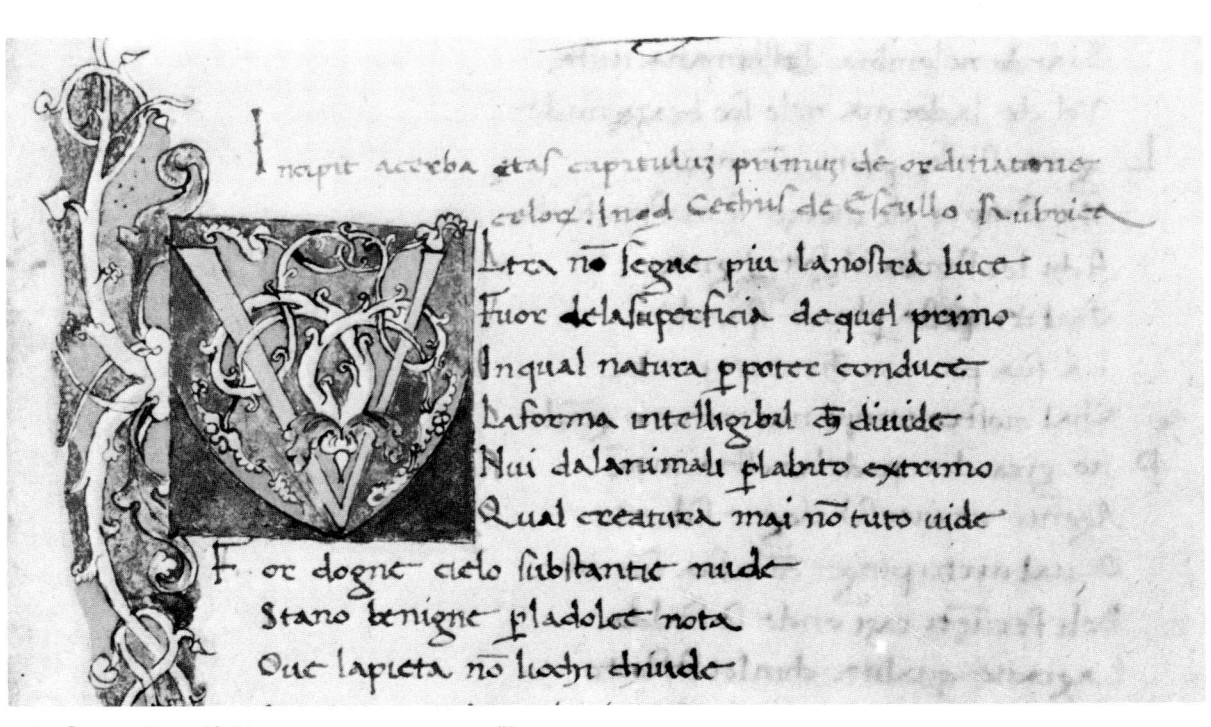

533. **Canon. Ital. 38** fol. 13. Florence, Italy, 1456.

lutatem in re pu. duceretur. & suma cum tranquilli-
tate nullis obiecta fluctibus per sapiente studia
uersaretur. Nam cum triplex uite genus existat.
Vnum quidem actiuu. Contemplatiuu; alteru. Ter-
tium uoluptuosum. hoc sane dissolutum. & uolupta-
tis mancipium belluarum; & infirmozum est hoim.
Actiuu autem si philosophia caruerit ineptum est; &
magis delicijs inuoluitur. Speculatiuu si ab actiuo
seiungitur: prorsus inutile. Expiundum igitur pro
uiribus; ut & publica confirmantur. & philosophia ue
ducetur. quemadmodum pro tempoubus attinere uide
bitur. Hunc in modum pericles ciuilia tractauit
officia. hunc in modum Archtas tarentinus. hunc
in modum Dion siracusanus. & Thebanus epaminudas
quorum utruqz platonis constat fuisse discipulum.

Ostrea disciplinam quid amplius imorari dere-
at nescio. nisi qp p ea que dicta sunt condu-
cibile: immo uero necessarium exit sit. ut
ad adipiscendos antiquozum codices. ut parum dilige
res sint. Verum ij pro agricolarum more colligen
di. Nam ita discipline instrumentum. non libro
zum possessio: sed usus. & exercitatio est. Sicut &

536. **D'Orville 525** fol. 60. Rome, Italy, 1456.

537. **Hamilton 49** fol. 78. Erfurt, Germany, 1456.

538. **Holkham misc. 9** fol. 3. Basel?, Switzerland, 1456.

539. Christ Church lat. 113 fol. 128. Ferrara, Italy, 1456.

540. Magdalen College Lat. 12 fol. 60. Cambridge, England, 1456.

541. Lat. misc. d. 69 fol. 16ᵛ. Oxford, England, 1456/7 or soon after.

542. **Canon. Class. Lat. 62.** (*a*) fol. 18; (*b*) fol. 125. Venice?, Italy, 1457.

543. **Canon. Class Lat. 161** fol. 1. Padua?, Italy, 1457.

544. Canon. Ital. 209 fol. 347ᵛ. Italy, 1457.

545. Canon. Misc. 5 fol. 55. Padua, Italy, 1457.

546. Canon. Pat. Lat. 33 fol. 32ᵛ. Venice?, Italy, 1457.

547. **Lyell 68** fol. 13ᵛ. Klarenthal, Germany, 1457.

548. **Lyell empt. 7** fol. 43. Paris, France, 1457.

549. **Canon. Misc. 321** fol. 6. Udine, Italy, 1458.

550. **Canon. Misc. 454** fol. 20. Ferrara, Italy, 1458.

551. **Canon. Pat. Lat. 138** fol. 130. Florence, Italy, 1458.

552. **Digby 75** fol. 86. England, 1458.

553. **Hamilton 48** fol. 257ᵛ. Erfurt, Germany, 1458.

554. **Corpus Christi College 79** fol. 37. Ferrara, Italy, 1458.

555. **Canon. Misc. 382** fol. 49. Concordia?, Italy, 1458.

556. **Balliol College 189** fol. 136ᵛ. King's Lynn, England, betw. 1458 and 1460.

557. **Add. A. 280** fol. 1. Erfurt, Germany, 1459.

558. **Auct. F. 1. 12** fol. 180ᵛ. Florence, Italy, 1459.

559. **Canon. Ital. 4** fol. 42ᵛ.
Venice, Italy, 1459.

560. **Canon. Ital. 12** fol. 30ᵛ.
Monte Oliveto Maggiore, Italy, 1459.

561. **Canon. Ital. 16** fol. 8.
Italy, 1459.

562. **Douce 367** fol. 19. Nürnberg?, Germany, 1459.

564. **Lat. misc. e. 87** fol. 5. Florence, Italy, 1459.

563. **Hamilton 19** fol. 220. Germany, 1459.

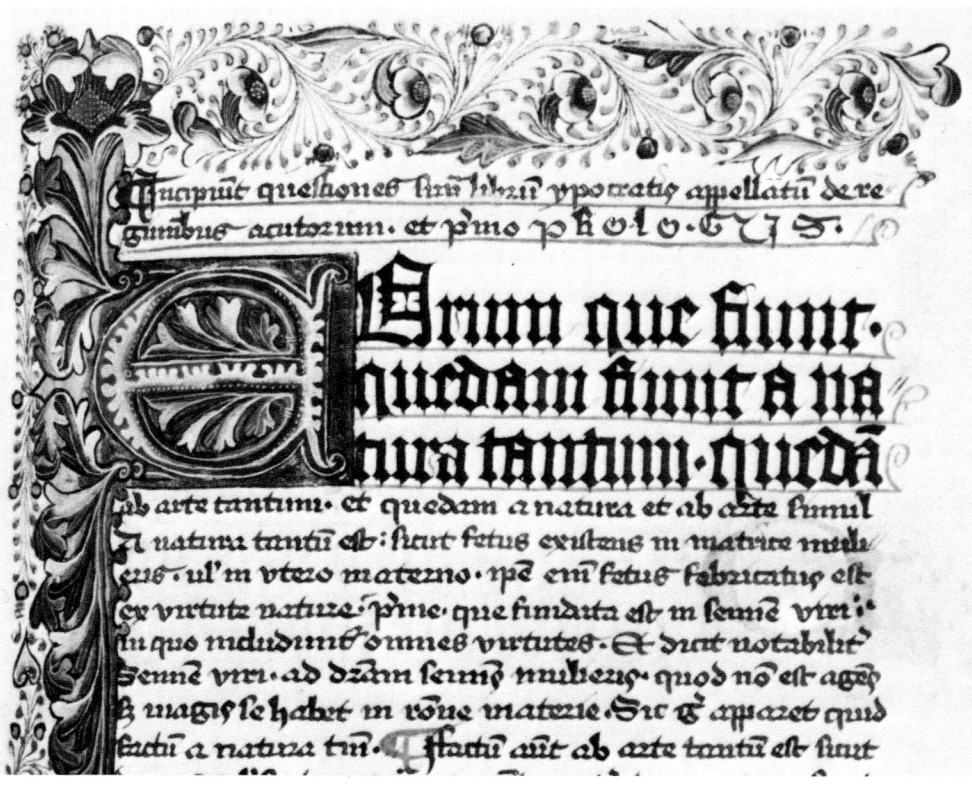

565. **Laud Misc. 416** fol. 210ᵛ.
Rhodes, England, 1459.

566. **Laud Misc. 558** fol. 199.
Salisbury, England, 1459.

567. **Magdalen College Lat. 196** fol. 64ᵛ.
England, 1459?

manabit hęc ro. et aliquanto maiorem locum de uno dolore
occupabit. Nam si omnia fugiendę turpitudinis adipiscendęq̢
honestatis causa facimus: non eā stimulos doloris: sed et ful-
mina fortunę contemnamus licebit. presertim cum pa-
ratum sit illud ex hesterna disputatione perfugium: ut eim
sicut nauiganti predones insequantur, deusq̢ qui dixerit
eiice te naui, presto e qui excipiat uel dephinus ut arionem
methimneum. uel equi pelopis illi neptunni qui per undas
currus suspensos rapuisse dicuntur excipient te, et quo uelis
perferent. omnem omittas timorem. hic ingentibus asperis. et

Arion

Equi pelopis

568. Canon. Class. Lat. 213
fol. 43. Venice, Italy, 1460.

ETIO. P. C. QVOD CVM IMPIIS CIVIBVS
sceleratisq̢ suscepimus timui ne conditio insidio-
sa pacis libertatis recuperandę studia restringeret.
Dulce enim est nomen pacis. res uo ipa cum iocun-
da tum salutaris. Nam nec priuatos focos nec
publicas leges uidetur, nec libertatis iura cara habere, quem discordię, quę cedes ciuium, quę bellum ciuile delectat. Eumq̢ ex numero hominum
eiiciendum ex finibus humanę naturę extermi-
nandum puto. Itaq̢ siue Sylla, siue Marius, siue uterq̢, siue Octa
uius siue Cinna. Siue iterum Sylla, siue alter Marius et Carbo. siue
quis alius ciuile bellum optauit, eum detestabilem ciue rei p. natu
iudico. Quid ego de proximo dicam cuius acta defendimus quom
auctorem ipm iure cesum fateamur. Nihil igit hoc ciue, nihil hoc
homine tetrius si aut ciuis, ut homo habendus est qui ciuile bellum
concupiscit. Sed hoc primu uidendum est. P. C. Cum omnibus ne pax ee
possit. An sit aliquod bellum expiabile, inquo pactio pacis lex sit seruitu-
tis. Pacem cu Scipione Sylla siue faciebat non erat desperandum si con
uenissent fore aliquem tolerabilem statum ciuitatis. Cinna si concordia cū Octauio confirmare uoluisset hominum in re. p. sanitas

sat belli uel principio huius

Propositio

569. Canon. Class. Lat. 254
fol. 128. Šibenik, Yugoslavia, 1460.

570. Canon. Misc. 542 fol. 221. Tuscany, Italy, 1460.

571. **Canon. Pat. Lat. 176** fol. 6. Paris, France, 1460.

572. **D'Orville 147.** (a) fol. 46, Cremona, Italy, 1460; (b) fol. 105, Brescia, Italy, 1460.

573. **Lat. th. e. 7** fol. 44ᵛ. Oxford, England, 1460.

575. **Rawl. C. 567** fol. 55ᵛ. Padua, Italy, 1460.

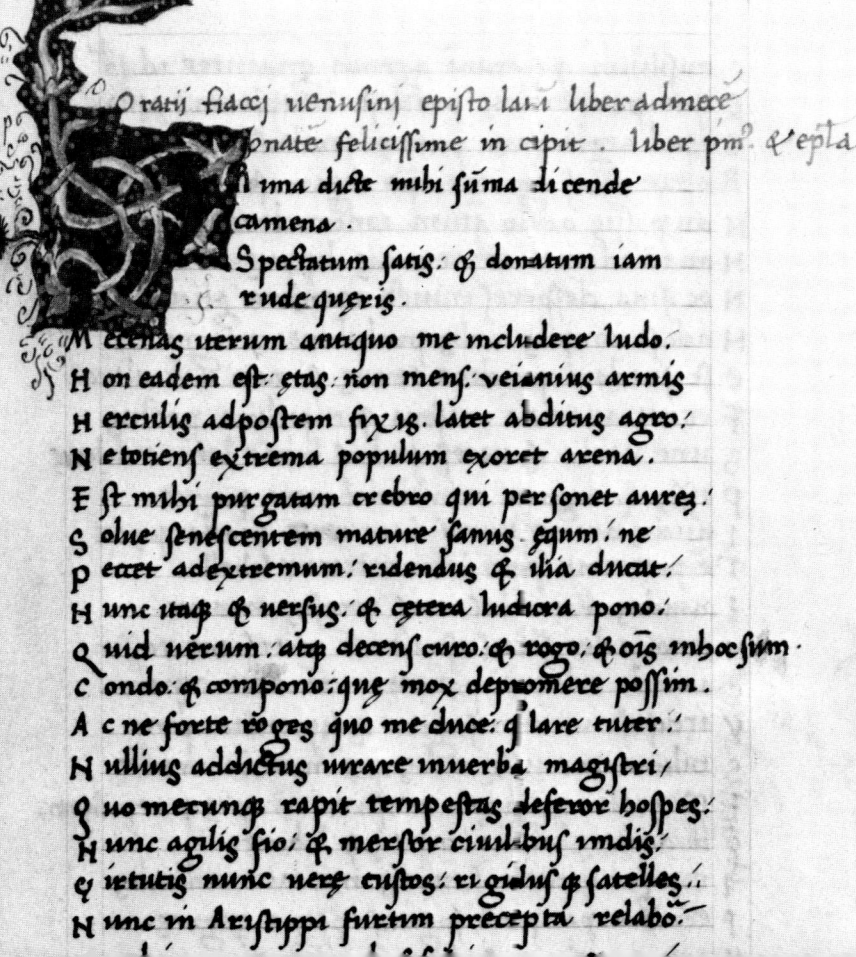

574. **Montagu e. 8** fol. 117. Florence?, Italy, 1460.

576. **Balliol College 202** fol. 220. Oxford, England, 1460.

577. **Balliol College 258** fol. 53ᵛ. England, 1460.

578. **Hamilton 30** fol. 370. Gera?, Germany, 1462.

579. **All Souls College 17** p. 10. King's Lynn, England, betw. 1460 & 1464.

580. **Balliol College 190** fol. 67ᵛ. King's Lynn, England, betw. 1460 & 1464.

581. **Canon. Ital. 151** fol. 35. Florence, Italy, 1461.

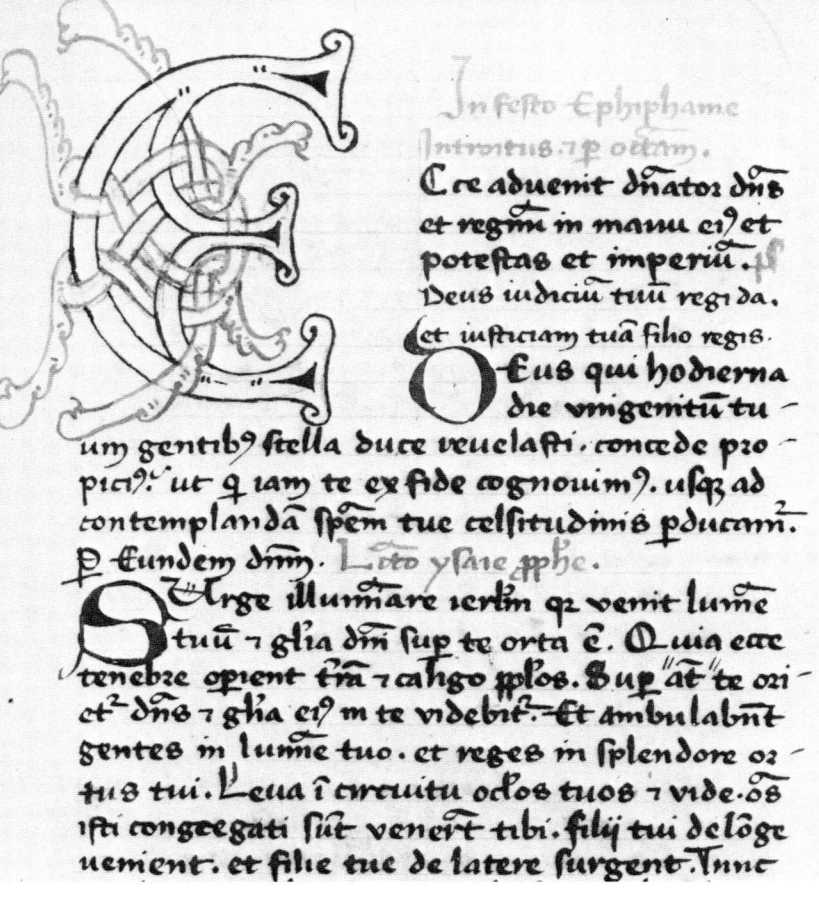

582. **Canon. Liturg. 331** fol. 12. Venice, Italy, 1461.

583. **Canon. Misc. 233** fol. 76. North Italy, 1461.

584. **Canon. Misc. 290** fol. 15. Montelli, Italy, 1461.

585. **Canon. Pat. Lat. 17** fol. 43ᵛ. Padua?, Italy, 1461.

587. **E. D. Clarke 17** fol. 244. Eggenburg?, Austria, 1461.

586. **Canon. Pat. Lat. 162** fol. 37. Lombardy, Italy, 1461.

tibi. ℟. In omnem terram exivit sonus eor. et in fines orbis terre verba eor. ℣. Celi enarrant gloriam dei et opera manuum eius annunciat firmamentum. ℟. Nimis honorati sunt amici tui deus nimis confortatus est principatus eor. ℣. Dinumerabo eos et super arenam multiplicabuntur. Alla. ℣. Per manus autem apostolor fiebant signa et prodigia multa in plebe. Alla. ℣. Non vos me elegistis sed ego vos elegi et posui vos ut eatis et fructum afferatis et fructus vester maneat. Alla. ℣. Nimis honorati sunt amici tui deus nimis confortatus est principatus eorum. Sc̄dm Johannem.

In illo r̄: Dixit dūs ihc discipulis suis. Hoc est preceptum meum ut diligatis invicem: sicut dilexi vos. Maiorem hac dilectionem nemo habet: ut animam suam ponat quis pro amicis suis. Vos amici mei estis: si feceritis que precipio vobis. Iam non dicam vos servos: quia servus nescit quid faciat dūs eius. Vos autem dixi amicos: quia omnia quecumque audivi

C urare ut esses. Sir. quamobre? Quid feci? Dē. rogas?
I n ipsa turba atq̃ ĩ peccato maximo
Q uod uix sedatū; satis est potasti: scelus
Q uasi re benegesta. Syr. sane nolle huc exitum.

DROMO. DEMEA SIRVS

H eus sire rogat te tesipho, ut redeas. Sir. abi.
Q uid tesiphonē hic narrat? Sir nihil. Dē. eho carnifex
E st tesipho intus? Sir. nō ē. Dē. cur hic noīat?
E st alius quidā porasitaster paulolus.
N ostin? Dē. iam scibo. Sir. quid agis? quo abis? Dē. mitte me.
N oli inq̃. Dē. Non manus abstines mastigia?
A n tibi mauis cerebrū dispergi hic? Sir abiit.
E depol comessatore haud sane comodū.
P reserti tesiphoni. qd ego nūc agam?
N isi dum silescunt hę turbę, iterea in angulum
A liquo abeam atq̃ edormiscam, hoc uilli. sic agam

589. **D'Orville 20** fol. 85. Siena, Italy, 1461.

590. **D'Orville 23** fol. 68. France, 1461.

591. **Douce 356** fol. 110. Paris, France, 1461.

Liber officiorum tertius

PVBLIVM · SCP.IO
nem marce fili cu q p'mus
africani appellatus. q sit dicere
solitu dicit cato q fuit fere
eius equalis nūquā se minus
ociosum esse quā cū ociosus nec minus solū
quā cū solus eet. Magnifica xpo vox
7 magno viro, ac sapiēte digna. Que de
clarat illū 7 īocio de negotyss cogitare 7
i solitudine secū loq solitū. ut neq cessaret
uq̃ 7 ī terdū colloquio altero no egeret.
Itaq due res que languorē afferūt ceteris
illū acuebāt ocium7 et solitudo. Vellem nob
hoc idem uere dicere liceret. Sed si minus
īuentione tāta ingenij p'statia cōsequi
possum' uoluntate certe proxime accedim'.

592. **Laud Lat. 62** fol. 84ᵛ. Italy, 1461.

Con la brigata al suo maistro equale
Di metrodoro parlo & arisippo
Poi con gran iubbio & cō mirabil suso
Viddi tela suctile tesser crisippo
Degli stoici el padre alzato suso
Per far chiaro suo dire udde genone
Mustrar la palma aperta el pugno chiuso
Et per fermar sua bella intentione
La sua tela gentil ordir cleanti
Ch'tira aluer la uagha oppinione
Qui lascio & piu dilor non dico auanti.
Ellaureo albergo cō laurora inanzi
Si racto uscaua el sol anto de raggi
Ch desto auresti ei si colco pur dia
Alzato umpoco come fanno e saggi
Suardosi intorno & ale stesso disse
Ch pensi omai conuien ch piu cura aggi

593. **Rawl. A. 430** fol. 52. Central(?) Italy, 1461.

p preces & oroes & alia suffragia qua m eclia semp fuit. Sed lex data deo ut si aliqs viā
transies ista fructu gustauerit infernale. i. assensu illicitu m mortale pcīm. qd uīqua tali
ad supos pata mgressus. Et ideo q̃ m uia illicite gustauerit eternalis comedat m inferno.
pu 12 dr. De fructu oris sui unusqsq, replebit & uix opa manuū suaz retribuet ei. nisi
dignos penītētia fructus egerit. qd mter omia genera hoīm delicatis est maxie durū
& tantū de coz reuocatione est p'iculu maī9. Narrat Albert9 li 6° de vegitab qd oliua
quāto sit senior tāto ex sui natura jp̃ eius abūdante humore magis mollescit. Vnde a eius
humor tātus est. ut etiā si truncus totalis auferat. aut ramus viuescet. Sic est moraliter
de istis hoībz carnalibz uoluptati deditis. tant9 em est m eis humor maliciae a delecta-
tionis sūpfluae. qd quāto ductiꝰ viuūt tāto p affectū delectabiliū cotinue redduntur
molliores. & difficilis p cōsequēs ad fīnalē penītētia reuocat̄. uel couertūt. Vnd dicere
potest quilzt illud ps. Ego autē sic̃ oliua fructif. etc. Nā sic̃ Crisỹ de cōpūctione dicit
sic̃ ipossibile est ut ignis īflāmet in aqua. ita ipossibile est iugem cōpūctione cordis in delicijs obtinere. Et dicit ŏ 19. qd si cōtingat aliqn qd ram deficiat aut tri

594. **Balliol College 34** fol. 19. London, England, 1461.

frend to þe Duke and sayd that he sholde die a shame
ful deth and counselid him alwey to be war of ꝑe tom
Wherfor be instaunce of lordis that were his frendis
he was sone deliuered out of þe sanctom of london
¶ Thanne þe kyng Sygnyfy put all þe lond hatid þe
said duke dedly and þat he myȝt not bere ne abide þe
malice of þe peple and exilid him for terme of .vi.
yeer. And þe sonday þe xij day of may he took his ship
at Erysthwich and sayled forth in to þe britissh see.
Where another ship callid þe Nicholus of þe tour
lay in wayte for him and took him. and þer þat

595. **Lyell 34** fol. 189ᵛ. England, 1461 or later.

In aliq̅ conuexo linie⁹ dentur cū
les diligēter diuisos et formatos
uño. 236. huic rote ꝫ uthiat aut
& eraxem ad quē decētꝯ firme
ut ad moueu rote mouea̅ꝯ. Axis quē
ipm̅ axem ꝫ uthiat axe horarie spe
rotidando ut ptm̅ axis una et ha
acuido foranie ꝫ uthidit in acū tuoi
horaue spē in qd ad equal peue
tit ꝫ o tuida parꝯ axis et pluisꝫ
rota post tabulū horarie spē ti
ciatꝯ dco axi polos in qbv̅ uolua̅
² Sint post tabula horarie spē ut
id qd de axe stetit aū tabula horū
spē sit penit̅ expeditū Et tē po
tit tabula spē horarie cum axem
plē moueri et rota cū axe pꝉe qd
libet mōᵈ sūo uno nō impedieꝯ. aliū
Post hoc faciat viiiᵗ īsqmoue
paulo miorem iꝓsqmoue. Duc̅
horariam sperau au faciat cirū
culos triginta octo q singit pa
zes denticulo 10. ꝑa̅ Et huic T
sqmone timet post T sqmone dū
cuite horaria spera putaui m̅ axe
euis īdc̅ o rote lixi quo ī spā
deuiut deū sioie ou ābo euis
tit qd üoluto ī spmoe horaue
spē sex viabiē in die ī volu̅ m̅

596. **Laud Misc. 620** fol. 102. Venice?, Italy, c.1461.

he order of fooles fele yere agoo begune
Newly professyd. entresyd the couent
Bacas ī tume haue sette a bysshop a terme
And byelwyt the byalwnchee vnto exigent
Martole ther folwıdey pacyons and presedent
Iuly of the shypp toke ys thirꝯ. and thris
And regıstered by grete kvisement
Endoted ther patent þat shall neu thee
Chose of all foles as men in bokes Iodyth
And moste in hys folys to hold presedent
Is he þat nother lowyth god ne dredyth
ne to his thyche hath noon awiton
Nother to sayntes wılⅼ do reverens
And hath dyseyne of folk in pouertes
To fader no moder wıll do no beneuolens
A selle his patent for he shall neu thee
The sixte fole this shypp to be gyne
Is ma̅ þan a fole mad bysaynꝯ ī wode
He þat neuy wıll forsake hıs synne
And he þat tɑn nocȝt no teyme wyll no goode
And he þᵗ hath tho faces in so hode
May be Jolled in thys shatuyte
A chorle of curtyeolus born of gentyl blode

597. **Bodley 648** fol. 19. Canterbury, England, betw. 1461 & 1468.

599. **Canon. Class. Lat. 225** fol. 28ᵛ. Ferrara, Italy, 1462.

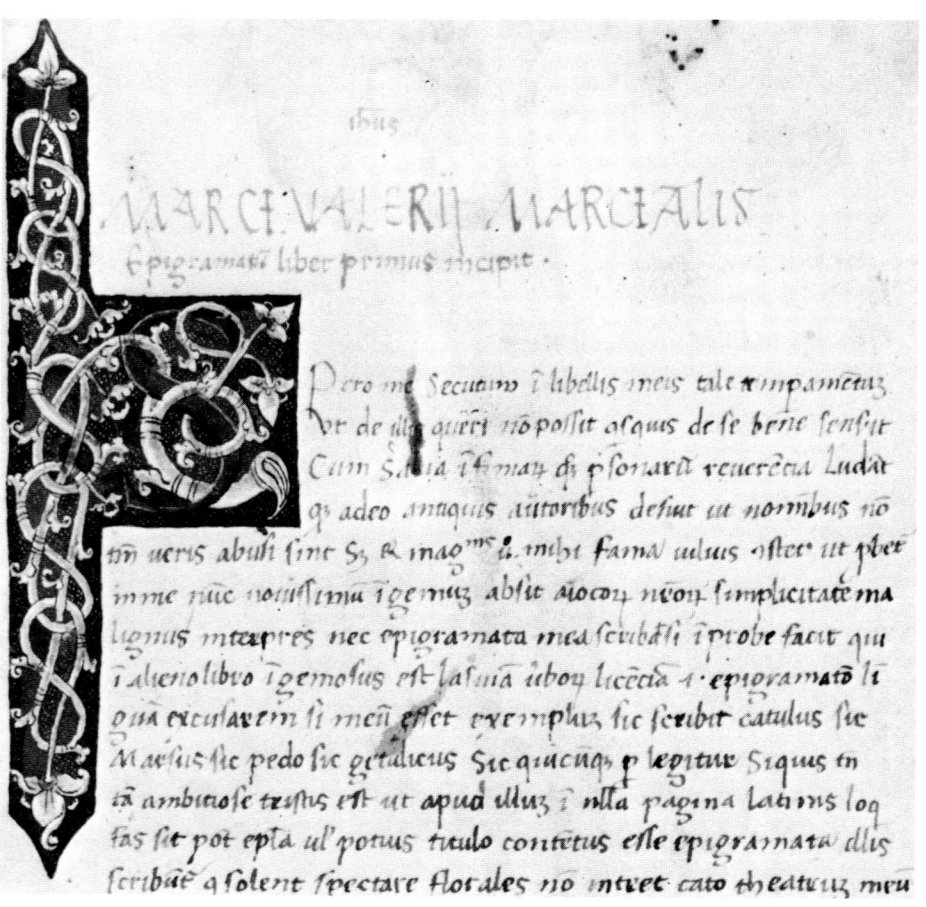

598. **Canon. Class. Lat. 84** fol. 1. Feltre, Italy, 1462.

600. **Canon. Ital. 168** fol. 75. Viterbo, Italy, 1462.

601. **Canon. Liturg. 163** fol. 7. Italy, 1462.

603. **Canon. Misc. 445** fol. 230. Genoa?, Italy, 1462.

602. **Canon. Liturg. 353** fol. 127ᵛ. Brescia?, Italy, 1462.

604. **Exeter College 57** fol. 51. Oxford, England, 1462.

605. **Bodley 565** fol. 8. Edington?, England, betw. 1462 & 1476.

606. **Auct. F. 2.24** p. 281. Genoa, Italy, 1463.

```
Torret ambustus pheton auaras              phaeton trisyllabu
                                   equino alatus
Spes: et exemplum graue prebet ales
                     esse
Pegasus. terrenum equitez grauatus
Bellorofontem.
               res dignas
Semper ut te digna sequare: et ultra
Quam licet sperare nefas putando.
         no pares te
Disparem uites. age iam meox
Finis amorum.   nulla alia; amabo pter te
                 muliere    ardebo
Non .H. posthac alia calebo
                       cantus
Femina. condisce modos amanda
         modos
Voce quos reddas. minuentur atre
Carmine cure;
Ad Virgilium. q̃ tpus mortalibz ē gratissimus. paranetice tticolos.
       Iam ueris comites: que mare tempant
       Impellunt anime lintea thracie.
Iam nec prata rigent. nec fluuij strepunt
Hiberna niue turgidi.
```

607. **Auct. F. 4. 20** fol. 61. Lombardy?, Italy, 1463.

609. **Canon. Liturg. 286** fol. 9. Marienthal bei Laar, Germany, 1463.

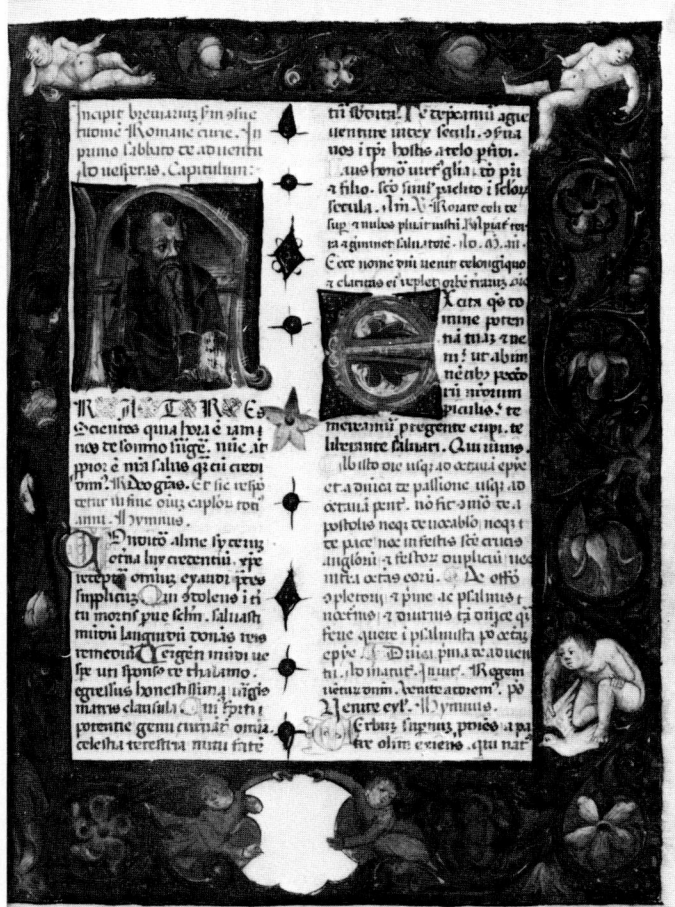

608. **Canon. Liturg. 206** fol. 61. North-east Italy, 1463.

610. **Canon. Liturg. 361** fol. 37. Venice, Italy, 1463.

611. **Canon. Misc. 116** fol. 75. Padua, Italy, 1463.

612. **Canon. Misc. 452.**
(*a*) fol. 47; (*b*) fol. 102.
Venice, Italy, 1463.

613. **Canon. Misc. 466** fol. 30ᵛ. Padua, Italy, 1463.

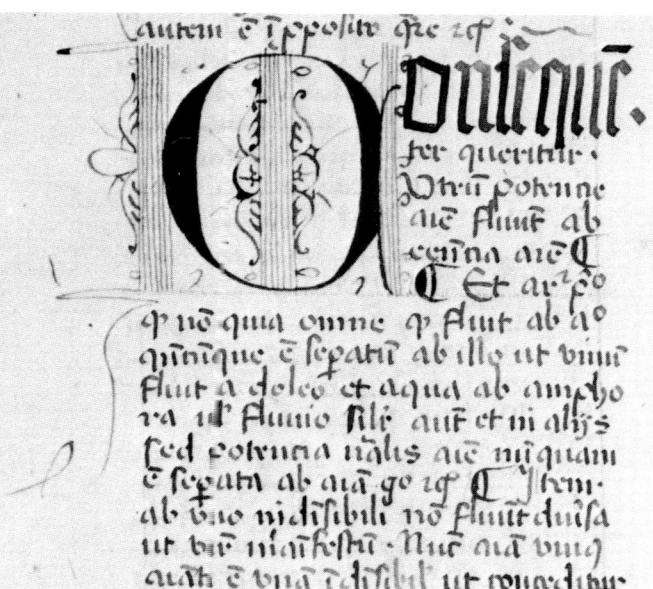

614. **Canon. Pat. Lat. 48** fol. 51. Valenza, Italy, 1463.

615. **Canon. Pat. Lat. 220** fol. 240. Italy, 1463.

616. **Ital. d. 5** fol. 66. Central(?) Italy, 1463.

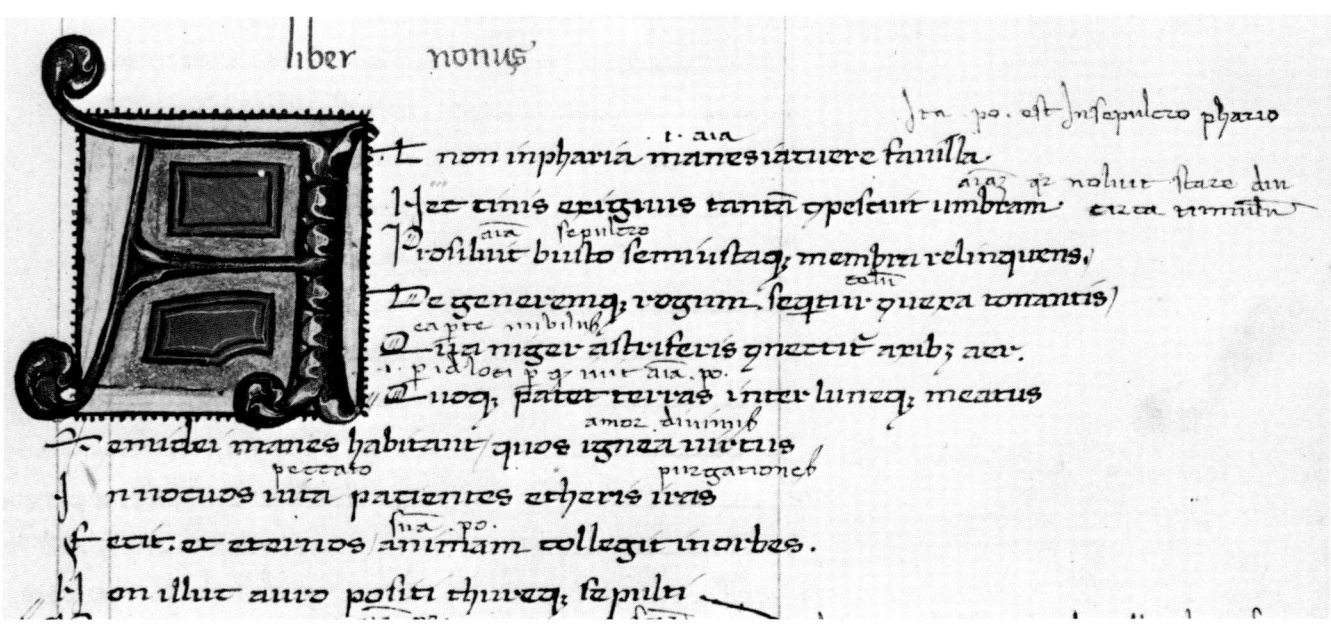

617. **Lat. class. c. 6** fol. 114. Cremona, Italy, 1463.

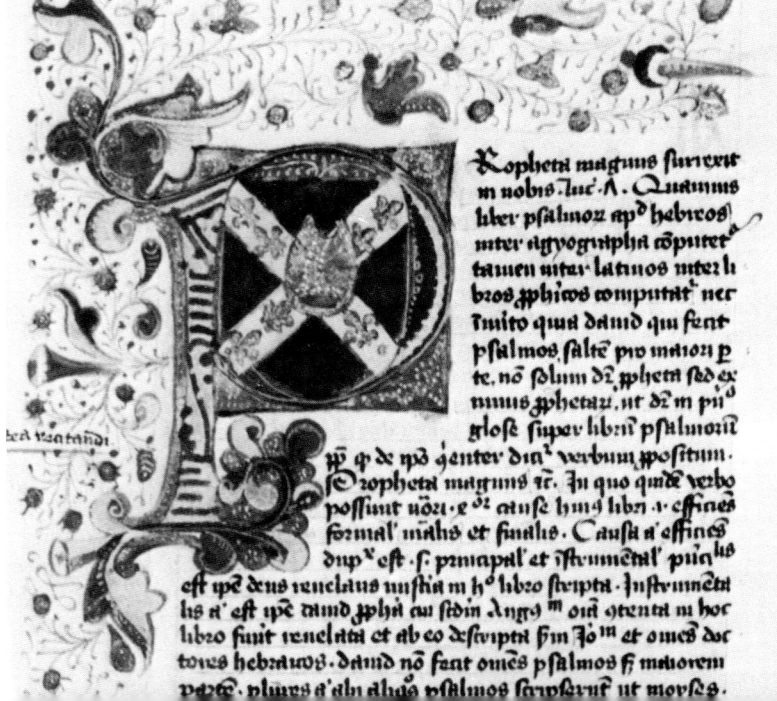

618 (a).

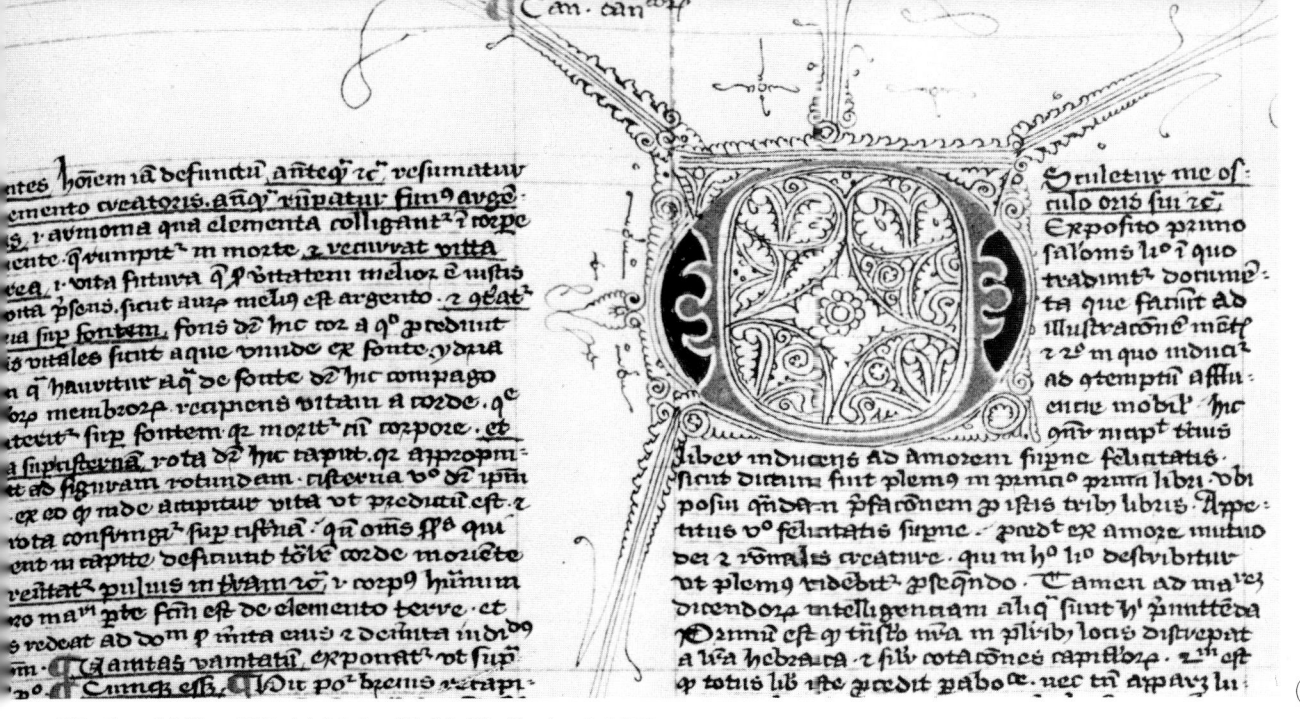

618. **Laud Misc. 152.** (*a*) fol. 2ᵛ; (*b*) fol. 92. England, 1463.

619. **Corpus Christi College 83** fol. 131. Llanthony prima, England, 1463?

620. **Canon. Ital. 85** fol. 101. Mantua or Ferrara?, Italy, 1463 or 1464.

621. **Canon. Misc. 440** fol. 75. Padua?, Italy, 1464.

622. **Canon. Misc. 459** fol. 75. Veneto, Italy, 1464.

623. **D'Orville 25** fol. 176. Italy, 1464.

624. **Laud Misc. 586** fol. 51. Germany, 1464.

625. **New College 288** fol. 17. Oxford, England, 1464.

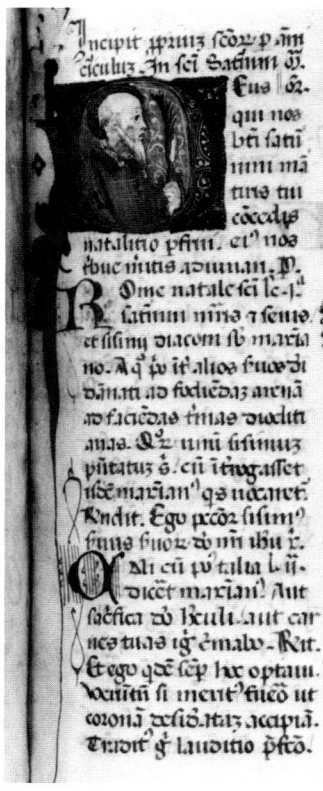

626. **Buchanan f. 4** fol. 293. Milan, Italy, 1464.

627. **Canon. Ital. 50** fol. 98ᵛ. Urbino, Italy, 1464.

628. **Canon. Ital. 56** fol. 4ᵛ. Verona, Italy, 1465.

fiuolo azo ch' lo tefia femp' amigo. E lionel respoxe a lore
et dixe miss' appariaclo / e presto io som De far tal
guarda del mio signor joxafat ch' vui ne fareti semp'
mai alegro / et g'rento et lore inmtenente fexe far vno
belo palazo. Sifinto come lo si oxoso auea ordenado.
Come lore Xuenero fe meter Joxafat fuo finol
in lo palazo Jn guarda de lionel e del maistro / et
de li dodexe donzeli :~

Quando Joxafat aue conpido anni tre. lore simada
inconvenente pl' fuoi baroni: E comando a lionel
et a li donzeli / et a lo maistro. X comando p' lo
filoxofo / et incontenente fo negnudi dauanti
lore. et lore chiama asi lo sauio filoxofo. et dissel'
Jo no io ch' tu fazi cusi ch' tu amaistri el mio baro. leo
nel. E li donzeli e lo maistro. Jn ch' modo ch' eli die bin
vardar / e amaistrar lo mio fiolo joxafat. El sauio fi
loxofo respoxe. ch' el lo farave volentiera / et incoten
ente el o comenza amaistrar. et infegnar. Jn ch' mo
do lionel E li donzeli e lo maistro. Jnfegnase / et ama
istrase joxafat / et quando lo filoxofo haue bem
amaistradi de zio ch' el douea far / et lore comando
a lionel / e a li donzeli / et a lo maistro ch' Jn bando de
la testa. J doverxno far zo ch' aueunno gmandado lo fi
loxofo / Et inmtenente lionel piexe joxafat e li donz
eli. e lo maistro. et ando X lo palazo lo qual Xuenera

630. **Canon. Misc. 33** fol. 73. Bologna, Italy, 1465.

631. **Canon. Misc. 255** fol. 21. Iesi?, Italy, 1465.

632. **Canon. Misc. 498** fol. 10. Bergamo, Italy, 1465.

633. **Canon. Pat. Lat. 109** fol. 1. Lombardy?, Italy, 1465.

634. **Digby 141** fol. 40. Siena?, Italy, 1465.

635. **D'Orville 147** fol. 141. Bologna, Italy, 1465.

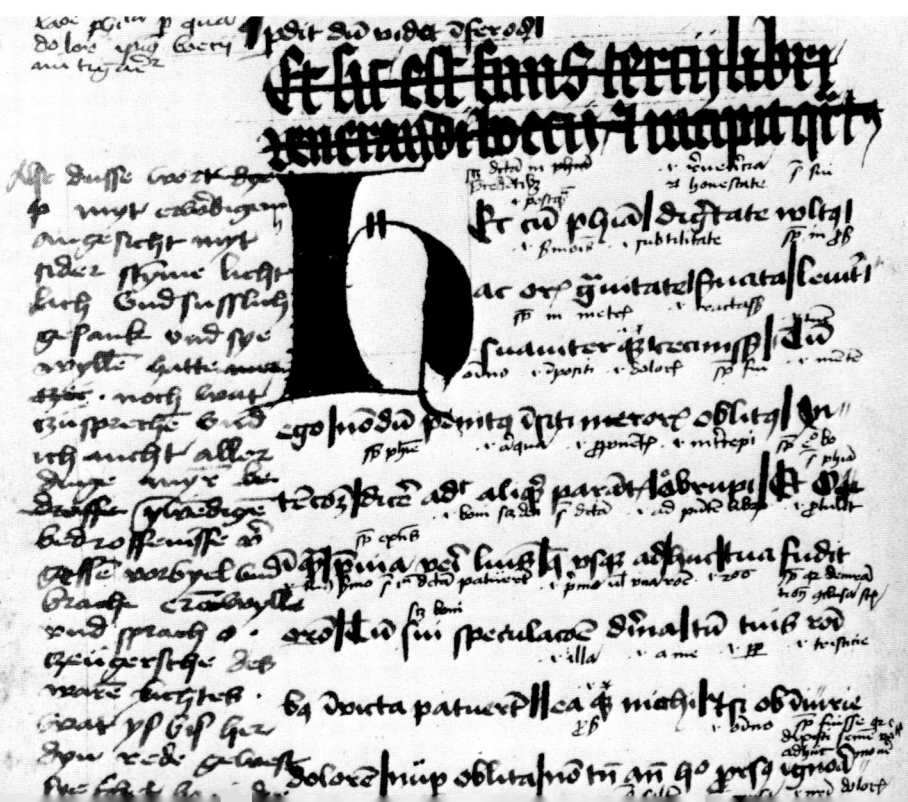

636. **Hamilton 46** fol. 160ᵛ. Buchen, Germany, 1465.

637. **Lat. th. c. 15** fol. 44ᵛ. Rimini?, Italy, 1465.

638. **All Souls College 93** fol. 217. Rome, Italy, 1465.

639. **Bodley 465** fol. 403. England, c.1465.

640. **Bodley 623** fol. 22. London, England, *c.*1465–1470.

641. **Canon. Class. Lat. 11** fol. 70. Mantua?, Italy, 1466.

642. **Canon. Class. Lat. 13** fol. 1. Venice, Italy, 1466.

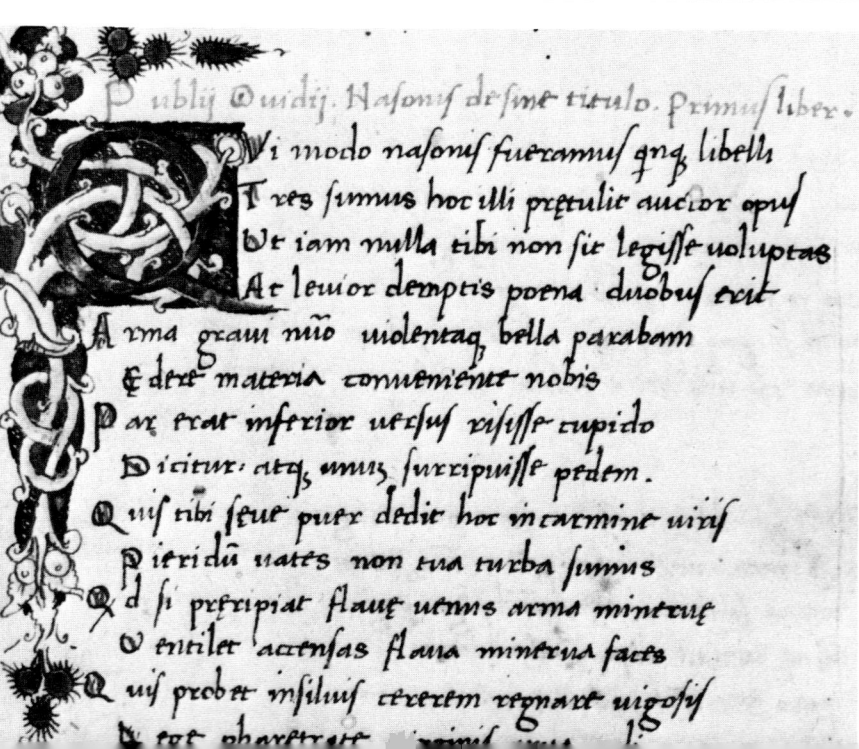

643. **Canon. Class. Lat. 149** fol. 112ᵛ. Italy, 1466.

644. **Canon. Ital. 24** fol. 80. Venice, Italy, 1466.

645 **Canon. Misc. 194** fol. 51. Venice, Italy, 1466.

646. **Canon. Misc. 372** fol. 1. Venice, Italy, 1466.

647. **Canon. Pat. Lat. 53** fol. 109. Pesaro?, Italy, 1466.

648. **E. D. Clarke 28** fol. 131ᵛ. Florence, Italy, 1466.

649. **Digby 144** fol. 39ᵛ. Siena, Italy, 1466.

650. **D'Orville 143** fol. 11ᵛ. Kleve?, Germany, 1466.

651. **Hamilton 34** fol. 274. Germany, 1466.

652. **Lyell 77** fol. 116. Padua, Italy, 1466.

653. **e Mus. 42** fol. 8ᵛ. London or Westminster, England, betw. 1466 & 1467

654. **Canon. Misc. 506** fol. 487. Ferrara, Italy, 1466–1467.

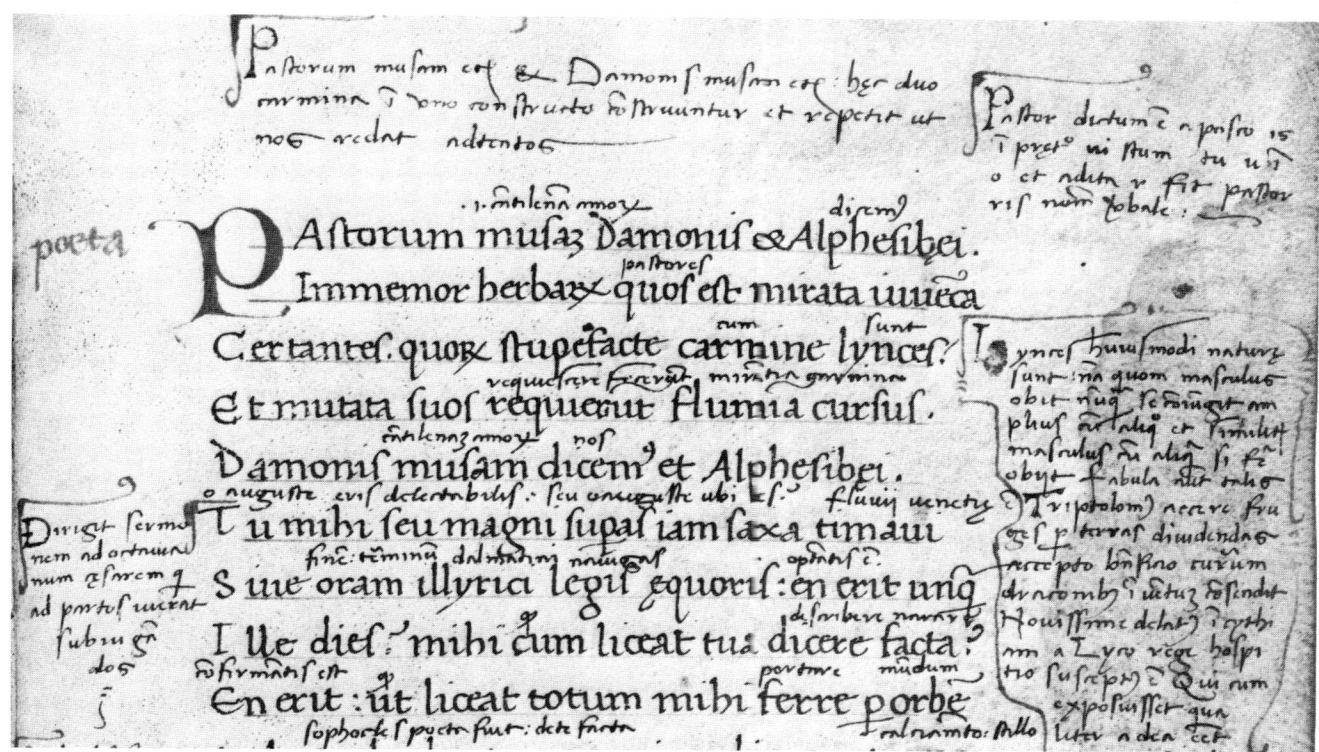

656. **Canon. Class. Lat. 60** fol. 16. Treviso?, Italy, 1467.

657. **Canon. Misc. 124** fol. 50ᵛ. Italy, 1467.

658. **Canon. Misc. 289** fol. 3. Verona, Italy, 1467.

◀ 655. **Bodley 471** fol. 203. Naples, Italy, 1467.

659. **Canon. Misc. 456** fol. 93. Ferrara, Italy, 1467.

660. **Canon. Pat. Lat. 31** fol. 18. North-east(?) Italy, 1467.

661. **Canon. Pat. Lat. 61** fol. 29v. North Italy, 1467.

662. **D'Orville 149** fol. 19. Italy, 1467.

664. **Lat. class. d. 4** fol. 44. Italy, 1467.

663. **Holkham misc. 49** fol. 41. Ferrara, Italy, 1467.

665. **New College 305** fol. 111. Writtle, England, 1467.

he died and is buried in ebron.
ffter the greet flode that was in the
dayes of noe the foure principal kyng
domes had har begynning. The assirians in the
est. Where belus was first kyng. The sichionites
in the west. Where egealius was first kyng. The
sithes in the north. Where sinius was first kyng. The
egipcians in the southe. Where amneus was first kyng. To
belus kyng of assirie succeded hys wife Semiramis that
ordeyned babilon for the hed cite of the reume. To Semira
mis succeded ninus that was first maker of ydoles or
mawmettis. that made an ymage of hys father belus. to
the which ymage if anysdoer rennyng alkyd refute. he
shuld haue it. After sardanapallus had the same kyngdom.
and after hym Arbaces translated the same kyngdom to the
medes and perses. upon whom regned after astringes the
which had a doughtir. of which doughtir came Cirus kyng
of perse. Thys Cirus gate babilon by strength. by the
wey there as the ryuer ran in. Upon the same babilon
regned after Cirus. and hys sone Darius as ye mai se in

the seuenty is of tyme that regnp
and ben ded. that begun fro the
passion of oure lord. and shal last
vn to the day of dome. The eight
shal be of hom that shal rise. that
shal begynne at the day of dome and
shal last with oute ende. It is
to knowe. these ben not called ages
for the number of yeres. as a thou
sand shuld be an age. but for mer
uelous thynges that befel at the
begynning of euery age. As in the
begynning of the first. the world
was made. In the begynning of
the seconde. was the world clensid
by the greet flode. In the begynning
of the thrid. was ordeyned aten
tion ageyn original synne. In the
begynning of the fourth. anoyn
tyng of kynges. In the begynning
of the fifthe. the transmigracion in

666. **Corpus Christi College 207** fol. 3ᵛ. London or Westminster, England, betw. 1467 & 1469.

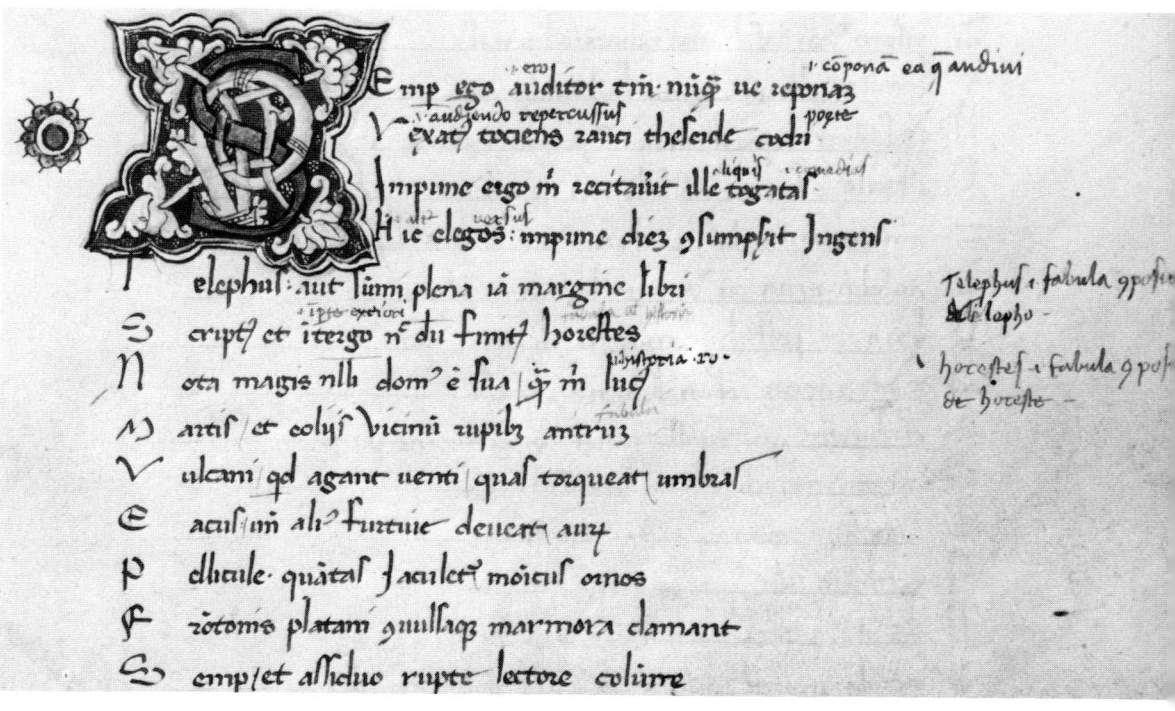

667. **Canon. Class. Lat. 40** fol. 2. Verona?, Italy, 1468.

668. **Canon. Class. Lat. 148** fol. 109ᵛ. Lombardy, Italy, 1468.

669. **Canon. Liturg. 243** fol. 53. Parma?, Italy, 1468.

670. **Canon. Misc. 361** fol. 15ᵛ. Venice, Italy, 1468.

671. **Hamilton 32** fol. 387ᵛ. Udestedt, Germany, 1468.

672. **Hamilton 54** fol. 232. Erfurt, Germany, 1468.

673. **Lat. class d. 26** fol. 20. Cingulo, Italy, 1468.

675. **Keble College 17** fol. 193. Germany, 1468.

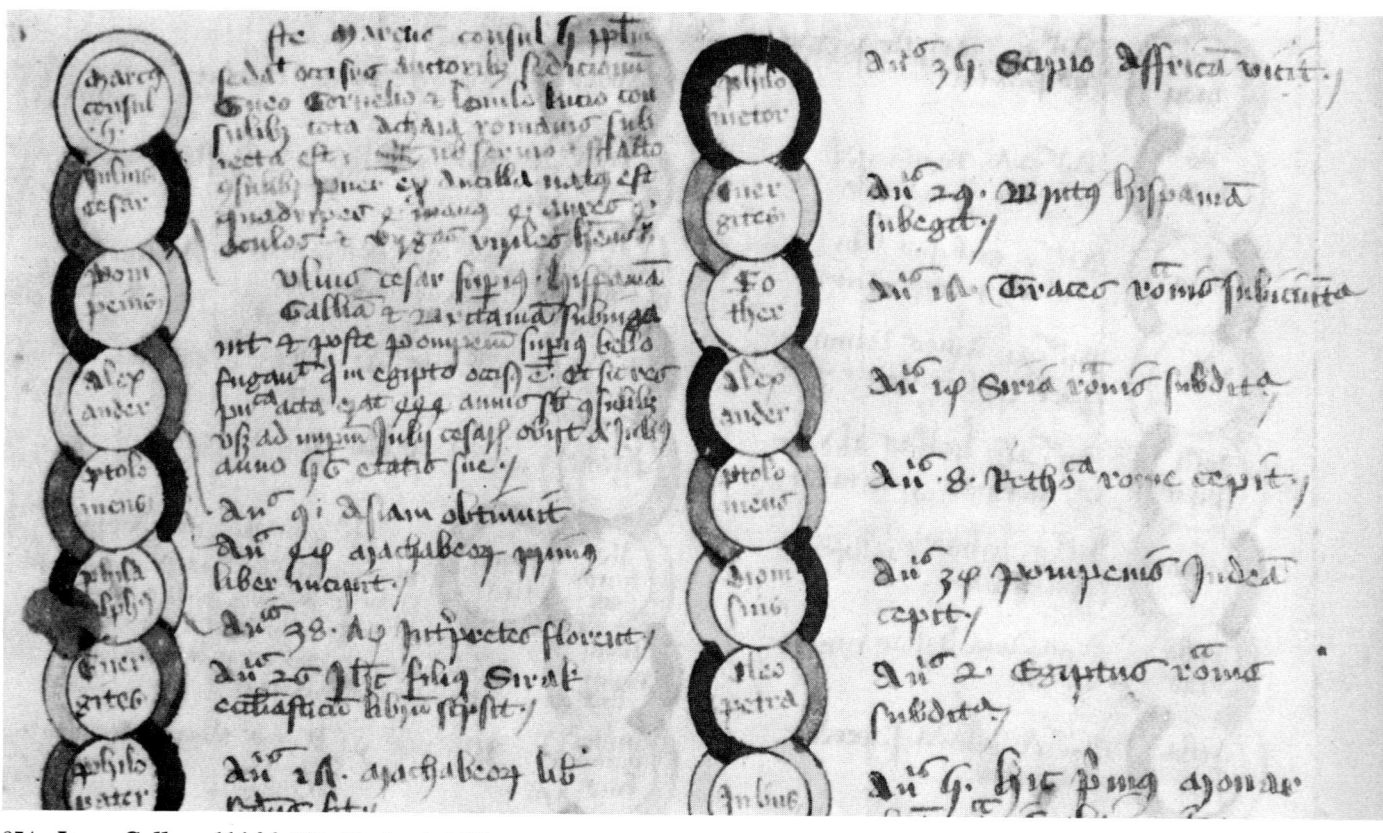

674. **Jesus College 114** fol. 20ᵛ. England, 1468.

676. **New College 304** fol. 95. Utrecht, Netherlands, 1468.

677. **Bodley 1029** fol. 86ᵛ. Florence, Italy, 1469.

678. **Broxbourne 84. 3** fol. 7. Bavaria, Germany, 1469.

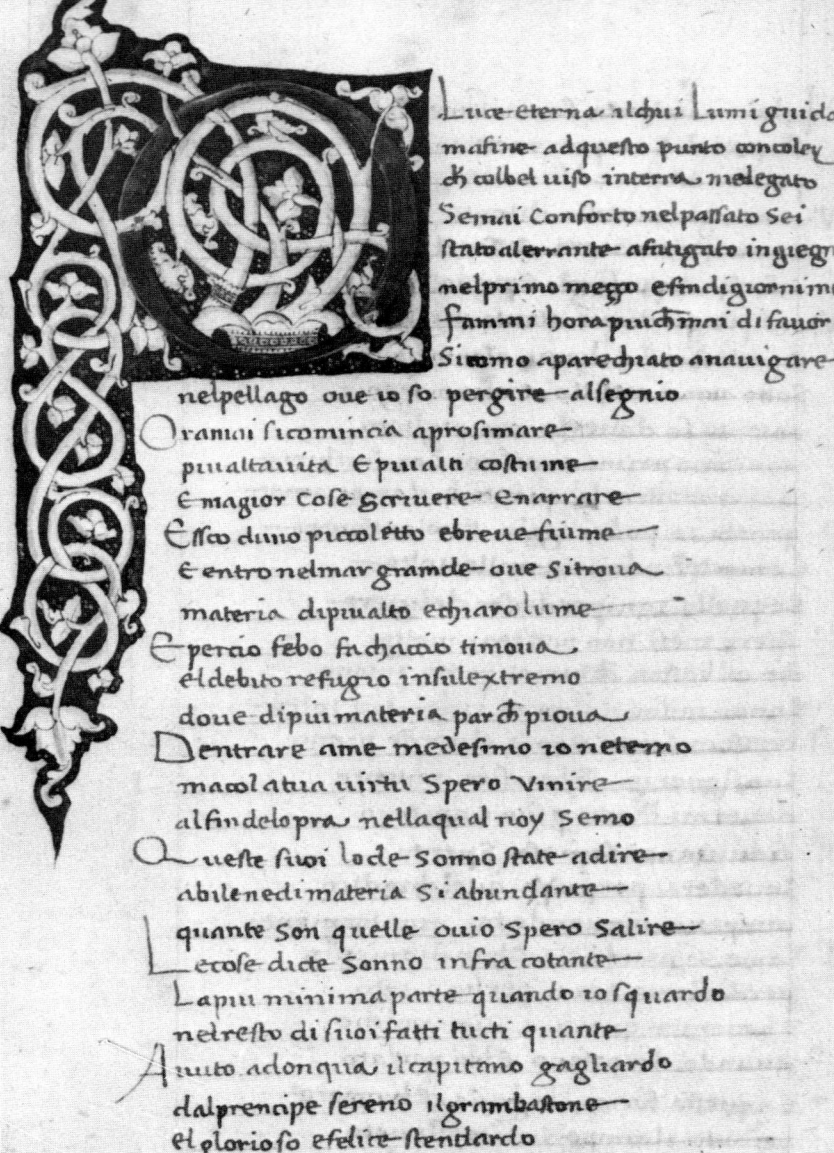

679. **Canon. Class. Lat. 171** fol. 1. North-east Italy, 1469.

681. **Canon. Ital. 41** fol. 107ᵛ. Perugia, Italy, 1469.

680. **Canon. Ital. 13** fol. 41. Italy, 1469.

682. **Canon. Ital. 137** fol. 55. Venice?, Italy, 1469.

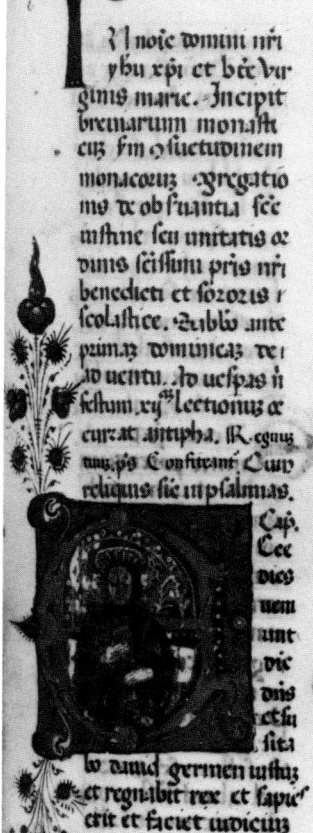

683. **Canon. Liturg. 164** fol. 111. Brescia?, Italy, 1469.

684. **Canon. Misc. 187** fol. 15. North-east Italy, 1469.

685. **Canon. Misc. 308** fol. 62. Rome, Italy, 1469.

686. **Canon. Misc. 414** fol. 67. Padua, Italy, 1469.

687. **Canon. Misc. 458** fol. 1. Padua, Italy, 1469.

688. **Selden supra 93** fol. 57. England, 1469.

and Sadoch wer prestis bothe i damd is daies · Samuel · of ysnay by chore · and had two wifes · fenenna and anna · but anna had no chylder · She made a promysse to god if he wold send hyr grace to haue a chylde · She wold halwe hym to god · and She had samuel the phet · and brought hym to hely the preest in Sylo.

Samuel iuge and phet he delyuered the chylder of israel fro the phylisteis · and at the askyng of the chylder of israel of a kyng · he anoynted Saul for her kyng by thre tokenys · and gaf hym the comaundement of god · the which he brake · Wherfore Saul was reproued and alle hys houshold · and damd anoynted for kyng.

After the deth of Saul ioab prince of damd is peple when he dwellid in ebron the abner prince of Saulis peple · and damd made greet sorwe therfore · Banaa and Rechab two brider and men of Saul · When her lord was deed · they came in a daye when Isboseth that son to Saul lai and slept in the myddel of the daie · and upon hys bed murthered hym and smote of hys hede and brought it

than but a synglyng · and Saul and hys houshold euer after reproued.

Here at damd endeth the thrid age · hauyng after the hebrews nyne hundred yere · And after the seuenti interpretoures thre score and twelf lasse.

Damd the leest of hys breder was chose of god by samuel the phet · and anoynted in bethleem in tokyn of a kyng · he put awai the wicked spyrite fro Saul by hys harpyng · And with hys staflyng and a stone · he slue Golie that reproued alle israel · and smote of hys hede with hys awne swerde · Which thyng caused ionathas kyng Saulis son to loue damd alle hys life · But enuie enmy euer to alle godenes that ran in Saulis hert · for the wymen of israel sunge after Golie is hede was brought to ierusalem · Saul is worth a thowsand men · and damd ten thowsand. Euer after Saul sought to sle damd · And whan he harped afore hym · he wold haue bore hym thurgh with a spere ageyns a walle · Damd and hys men smote two hundred men of the phylisteis and brought her prepuce to Saul · Wherfore Saul gafe hym Mychol to wife · Efte Saul wold haue Slayn damd ne had mychol damd is wife holpe hym · Damd voided and came to Samuel in Ramatha · Saul send men to sle hym there · When thei came thei prophecied and myght nat harme hym · The seconde and the

689. **Lyell 33** fol. 12. London or Westminster, England, 1469 or 1470.

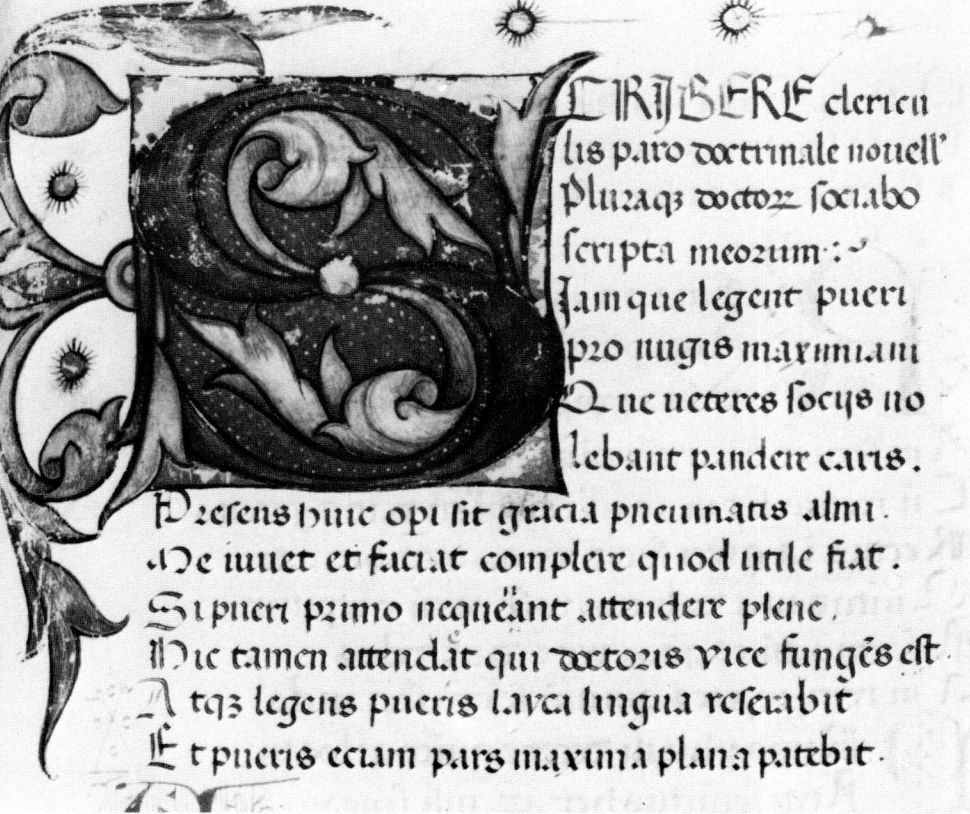

690. **Canon. Class. Lat. 108** fol. 1. North(?) Italy, 1470.

T e longinqua petens comitem sibi ferre uiator
Non dubitet paruo pondere multa uehis
T e si quis scripsisse uolet: non ulla queretur
Danna nec ingrati triste laboris onus
E t quod quisq; petet nunquam censura diserti
H oc contemnet opus si modo liuor abest

PROLOGVS

CREDO non nullos hoc meum admiraturos opusculum quod i tanta doctissimoq; copia q uere diligenterq; emendati sermonis precepta tradiderut ego potissimum ausus sim temerario ac pene sacrilego conatu libellum de arte cominisci: de quo prius me excusandum puto q̄ de titulo operis disseram cum sciam plurimos quidem regulas p ordine digessisse: quibus ad prerogatiuā solertia antiquitatis ipa lustrata est. Sed eorum alios copiose lateq; scripsisse ita ut supflua interdū ubertate narracionis memoria legentiū ofundatur: Alios dum breuitati

691. **Canon. Class. Lat. 152** fol. 1. Venice, Italy, 1470.

impossibile est. Preterea id quod est: mutetur necesse est. Ex aliquo enim ad aliquid est ipa mutatio. At uero neq; omnia quiescunt itredum aut mouentur: nihil aut est quod sp aut mouet aut quiescit. Est eni aliquid: quod semper mouet ea que mouentur. Ꝫ primum ipsum mouens: immobile est.

LIBER QVINTVS

PRINCIPIVM dicitur: partim id rei unde quispiam motus fuerit primo. Vt longitudinis atq; uie: huic quidem: principium est. Econtra autem alterum. Partim id unde unum quodq; optime fieri potest. Vt et mo
dictione: non a p̄ncīpio itredum ꝯ ab ipso principio rei: sed unde facillime quispiam discere potest: incohandum est uidetur. Partim id: & quo primo qppiam fit: eo pacto ut inisit. Vt nauigij carina: et edium fundamentum. Ꝫ animalium quidem cor: alij cerebrum: quidam aliud tale putarit. Partim id: unde fit quispiam primo: eo pacto ut non inisit: et unde primo motus mutatioq; incipere solet. Vt & pater mater q; proles sit proles: & ꝯ conuicijs pugna partim id: cuius uoluntate mouentur ea que motu

692. **Canon. Class. Lat. 190** fol. 48ᵛ. Florence?, Italy, 1470.

del q̄ uirum in cōcipiendo non ptuli. audi maria uigo xp̄i. sp̄s scūs supueni et in te et uirtus altissimi obūbrabit tibi. Ad m. ā. Dabit ei dn̄s dz sedem dd prīs eius et regnabit i domo iacob in eternum. Ē I n̄ psalpho ne maiores dn̄r ad magnificat. a͞t. Sapientia que ex ore altissimi prodisti attigens a fine usq; ad finem fortiter suauiter disponens q̃ omnia. ueni ad docēdū nos uiam prudētie. a͞. O adonay et dux domus isr̄l. qui moysi i igne flame rubi apparuisti. et ei i synai legem dedisti. ueni ad rediēdum nos in brachio extēto. a͞. O radix iesse qui stas i signū ppl'orum. super quem ꝯtinebunt reges os suum que gētes deprecabuntur. ueni ad liberandum nos iam noli tardare. a͞. O clauis dd. et sceptrum domus isr̄l. qui aperis et nemo claudit. claudis et nemo aperit. ueni et educ uinctum de domo carceris. sedentem i tenebris et umbra

693. **Canon. Liturg. 383** fol. 72. Ferrara?, Italy, 1470.

694. **Canon. Misc. 255** fol. 62ᵛ. Iesi?, Italy, 1470.

695. **Lat. misc. e. 77** fol. 23. North-east Italy, 1470.   696. **Laud Misc. 100** fol. 127. Scotland, 1470.

697. **Corpus Christi College 546** fol. 97ᵛ. Louvain, Belgium, 1470.

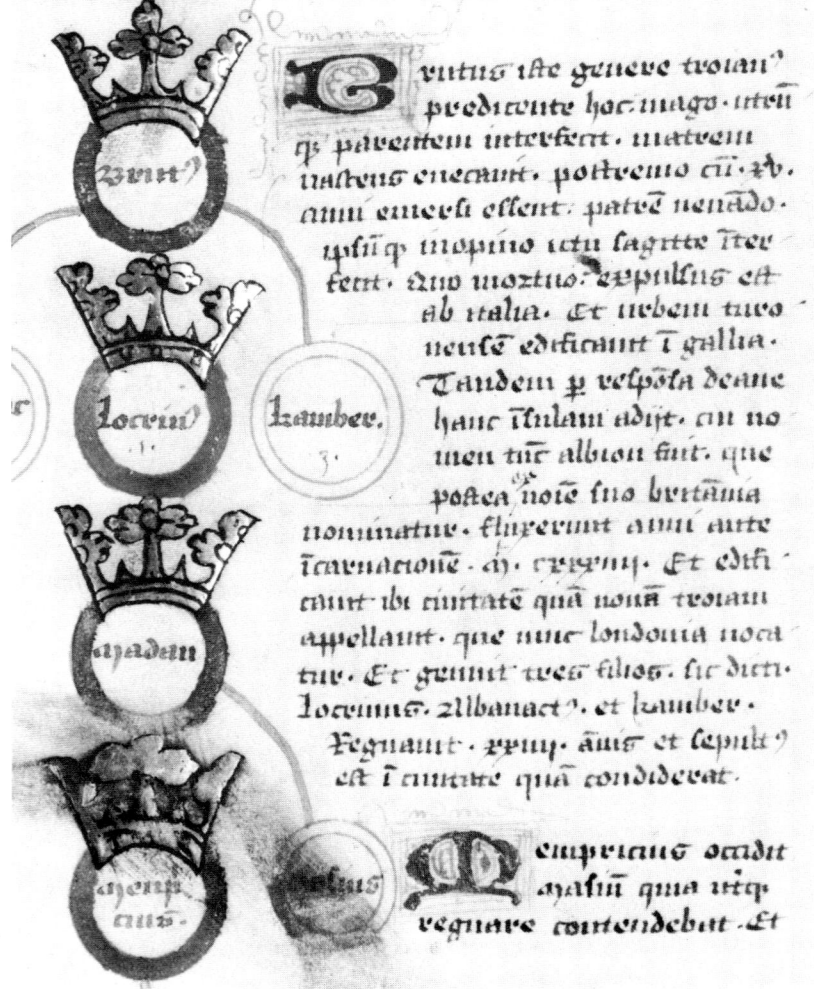

698. **Brasenose College 17** fol. 5. London or Westminster, England, betw. 1470 & 1472.

699. **Canon. Class. Lat. 27** fol. 12ᵛ. North Italy, 1471.

(a)

scentem dicit, se senem fieri. Vt ego feci q
litteras graecas senex didici: quas quidem
sic auide arripui: quasi diuturnam sitim ex
plere cupiens. Vt ea ipsa mihi nota essent: q̄
me nunc exemplis uti uidetis. Quod cū fecisse
Socratem in fidibus audirem, vellem equidē
etiam illud discere. (discebant enim in fidibus antiqui. Sed in litteris certe elaboraui.

Secunda senectutis calumnia

Nunc q̄ uires desidero adolescentis. Is.
N. locus erat alter de uitijs senectutis.
non plus q̄ etiam adolescens tauri uires aū
elephantis desiderabam: quod est naturali-
ter insitum homini: eo decet uti et quic
quid agas, agere pro uiribus. Quae enim

(b)

iudicaturus sit expectet. p. r. nos hi sumus de
quorum salute unus homo rogandus uideatur.
Ego uero ut istic reuertaturis sum qui nō mō
supplicem sed etiam coerceam postulantes ut sibi
supplicetur. Aut longe aseruientibus abero. in
q̄ esse iudicato romam ubicunq̄ liberum esse
licebit. ac uestri miserebor quibus nec aetas nec
honores nec uirtus aliena dulcedinem uiuēdi
minuere potuerit. mihi quidem ita beatus ee
uidebor si modo constanter ac perpetuo placebit
hoc consilium ut relatam p̄nte gratiā pietati me
quid est melius q̄ memoria recte factorum et
libertate contentum negligere humana. sed
certe uo succumbam succumentibus nec uicar
ab his qui se uinci uolunt. experiar q̄ et tentabo

700. **Canon. Class. Lat. 197.** (a) fol. 10; (b) fol. 57; (c) fol. 62. Verona?, Italy, 1471.

(c)

nuncupata est fides. vt aut. Tullius Tituly
vero nona, titane ut isti volunt sed a nū
ando dicitur. Vt uarom placet Quod &
scriptura antiquorum probat. Tutulus
N. in quo dicibo scribebatur antiquis.
on positio demonstrat accentu corripi uel
producī primam syllabam simplicis q ue
media sit compositis ut amat si componat
Cū ad profertur adamat media corepta
Et clamat si componatur cum in profert
inclamat media producta ita illius Qu
idem ubi prima breuem huius uero da
mat Longam ee deprendimus. Eadem rat
io est compositorum omnium ut faciat in
ficiat parem imparem ducat inducat lot?
illot?. Excipiuntur haec quorum prima
in simplitione producta. in compositioē
coripiuntur. In nuba pronuba. Deicō
Peicro Causidicus maledicus. Cognitus

EXPOSITIO IN PROOEMIVM
PROVERBIORVM MAGNI
DIVIQVE BASILII ARCHIE
EPISCOPI CAESARIEN.
TRADVCTA E GRAECA IN LA
TINAM LINGVAM PER ATHA
NASIVM CONSTANTINOPO
LITANVM
EPISCOPVM HIERACENSEM

BONVS EST DEVS q̄
praemia obedientibus tribu
it. Pareamus igitur opti
mo patri, qui e spiritus
sancti eloquiis certamina nobis in praesen
tiarum proposuit. uoluitq̄. ut quemadmo
dum venatores periti soleant facere, quom
loca nacti fuerint nemorosa, & difficilia.
quasi quibusdam canibus solerti & nosa
mo uiam ipsam experiamur. Proposuit
aūt nobis ad exponendum exordium Pro

701. **Canon. Gr. 108** fol. 3ᵛ. Rome?, Italy, 1471.

702. **Canon. Ital. 195** fol. 60. Padua, Italy, 1471.

703. **Canon. Misc. 99** fol. 11. North-west Italy, 1471.

704. **Lyell 51** fol. 21ᵛ. Wasserburg?, Germany, 1471.

705. **Balliol College 7** fol. 32. North-west Germany or Netherlands, 1471.

ALIVD ARGVMENTVM
Ororem falso creditam meretricule Thaidis ad ipsam ignorans miles adduxit.
Tralo. ipsiq; donat. Erat hec ciuis atthica
Eidem eunuchum quem emerat Thaidi iubet
amator Thaidi foedria. traloni oratus biduum
concedere. & phebus frater phedrie puellam ei
repperit dono missam. Thaidi ornatum eunuchi
induitur. Intrat uitiat uirginem. suadet pmeno
Sed atthias ciuis in primis est repertus frater
qui collocat uiciatam ephebo. PROLOGVS.
¶ i quis qm est qui placere se studeat bonis
pluribus. & minime multos ledere in his
poeta hic nomen profitetur suum. tum
si quis est. qui dictum in se inclementius existi
mauerit esse. sic existimet sciat presumat respō
sum non dictum esse quale sit prius q bene
uertendo. & eas describendo male ex grecis bonis
Latinas fecit non bonas. Idem menandri salina
nunc nuper edidit. atq; de thesauris scripsit
causam dicere. Prius unde petitur aurum
quare sit suum. qm illius. qui petit unde
is sit thesauris sibi. aut unde in patrium
monumentum peruenerit. De hijs ne fraudet

psaltria est domus sumptuosa adolescens
lurū perditus est Sener deliruus ipsa si capi
at salus saluare prorsus nō potest hanc familiā
Syrus. Demea
¶ Dipol s'eriste, tu te eduxisti molliter lautq;
munus administrasti tuum. Abi sed
postqm intus sum omnibus rerum satur prō
deambulare huc libitum est Demea Istud inde
sis Exemplum discipline Syrus Ecce autem
hic Sener noster. quid sit quid tu ees tristis
Demea O scelus Sy Ohe iam tu uerba hic fū
dis sapiencia De Tu si meus ees Sy dis idem
esses Demea Ac tuam rem constabilisses Demea
Exemplum omnibus curarem ut ees Sy Quam
obrem. quid sciui de Rogas in ipsa turba ac pēco
marimo quod uix sedatum est satis potasti
stelue quasi te bene gessa Sy Nollem sane
Dromo Syrus Demea   Hunc euitum
¶ Ene heue hijre, uocat thessipho ut redeas
Sy Abi carnifer demea Qmd thess
phonem hic narrat Sy nihil de Eho carnifer
est thessipho intus Sy Non est de Ec hic nō
minat Sy Est aliue quidam parasitaster par
uulus nostin de Iam scibo Sy Qmd agne q abis
De ante me Sy Noli mgni de Non manue
abstines. i neqm seruum gnasti a stige manus
     (b)

706. **Corpus Christi College 60.** (a) fol. 26; (b) fol. 89. England, 1471.

707. **Magdalen College Lat. 49** fol. 86. Oxford?, England, 1471.

708. **Wood empt. 20** fol. 77. Dioc. of York, England, c.1471.

709. **Canon. Ital. 262** fol. 1. Venice, Italy, 1472.

710. **Canon. Misc. 514** fol. 10. Bologna, Italy, 1472.

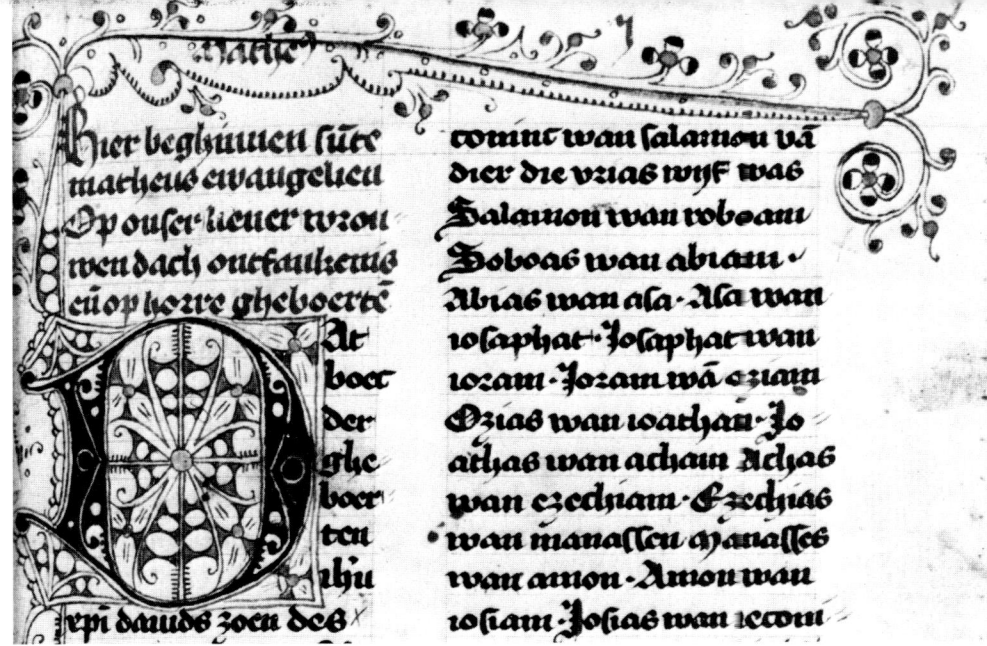

711. **Marshall 58** fol. 19. Gorinchem, Netherlands, 1472.

712. **Selden supra 67** fol. 10. Venice, Italy, 1472.

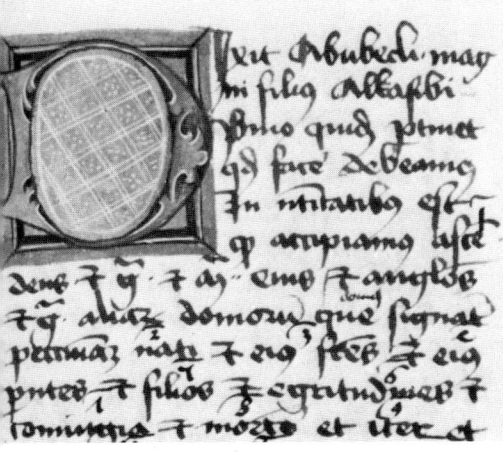

713. **Corpus Christi College 101** fol. 201. Bohemia, 1472.

714. **Canon. Misc. 181** fol. 1. Italy, 1473.

715. **Douce 314** fol. 205. Venice or Padua, Italy, 1473.

716. **Lat. th. e. 23** fol. 39ᵛ. Regensburg, Germany, 1473.

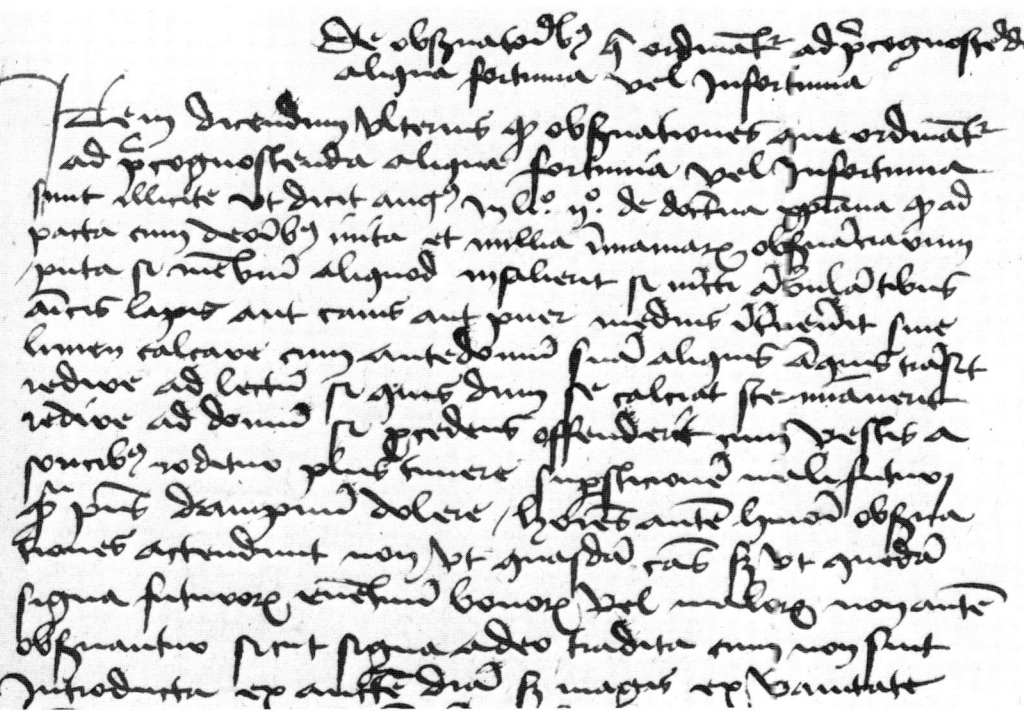

717. Laud Misc. 426 fol. 247. Prüll, Germany, 1473.

718. Laud Misc. 560 fol. 69. La Chaise-Dieu, France, 1473.

Laud Misc. 717 fol. 19. Venice?, Italy, 1473.

720. Canon. Ital. 161 fol. 33. Venice?, Italy, 1473.

721. **All Souls College 87** fol. 151. England, 1473.

722. **Canon. Misc. 87** fol. 65. Padua, Italy, 1474.

723. **Canon. Misc. 280** fol. 53. Cagli?, Italy, 1474.

726. **Canon. Ital. 102** fol. 1 Venice?, Italy, 1474–1475. ▶

724. **Canon. Pat. Lat. 72** fol. 31ᵛ.
North-east(?) Italy, 1474.

725. **Lat. class e. 14** fol. 248.
Germany or Austria, 1474.

727. **Add. A. 165** fol. 52. Italy, 1475.

728. **Add. A. 166** fol. 69ᵛ. Rieti, Italy, 1475.

729. **Canon. Class. Lat. 191** fol. 2. Rome, Italy, 1475.

730. **Canon. Class. Lat. 282** fol. 50ᵛ.
Pag, Yugoslavia?, 1475.

731. **Canon. Misc. 113** fol. 1.
Venice, Italy, 1475.

732. **Canon. Misc. 182** fol. 5.
Ferrara, Italy, 1475.

Chiere fille quant vous vous leuerez por aler
a matines Et le orloge damour a dieu vous
ara esueillee auant les aultres / si reiettez le
peulz du coeur a toute vostre vye / se bien arez fait
Joie arez Et se mal auez fait, retournez de la mal
uaise vye Et pensez tousiours en vostre coeur et
luy demandez et dittes · Feroies tu ce se tantost tu
debuoies mourir Et le maines ad ce que meulz
vauldroit la mort que le peche · Fille quant vo
estes au moustier ou dehors pour dire voz heures
Ayes tousiours vre coeur a ce que vous dittes ·

733. **Douce 365** fol. 17. Ghent, Belgium, 1475.

Dit is ouer heuer vrouwe lerinch die
si sprac tot een regulier die ghenoet
was broeder willem vos Na dat
vaer ons here dusent cccc en vcxvij
doe die salighe maghet hedewij
van saedwij ghesdreuē was ciluir
cius en valerianus dich dit eer
weet hoeste capittel aya
Die mijn dienres sel vande
en troeste mine knechten
en dienst maechde nv bi mine en
ghelen nv bi minen heilighen en
nv bi mi seluen Die ghee die mi
eeren die mi grueten en die mi glo
rificieren En die mi louen Die ic
aldus vande dat sijn die ghee die

734. **Marshall 119** fol. 175. Netherlands, 1475.

735. **Balliol College 81.** (*a*) fol. 10; (*b*) fol. 62; (*c*) fol. 280. England, 1475.

736. **New College 307** fol. 1. England, betw. 1475 & 1480.

737. **Canon. Class. Lat. 296** fol. 70. Pezzuoli, Italy, 1476.

738. **Canon. Gr. 124** fol. 219. Italy, 1476.

739. **Canon. Ital. 8** fol. 1. North-east Italy, 1476.

740. **Canon. Ital. 234** fol. 91ᵛ. Venice?, Italy, 1476.

741. **Canon. Liturg. 168** fol. 15. Florence, Italy, 1476.

IN CHRISTI IESV NOMINE AMEN
Incipit martyrologium sive x
datariu secudum ritu sce romane ecclie.
Et primo de prologis diversis sup opus
martyrology. p quos patet quanta dilige
tiam sancti et antiqui ad compilationem
huius opusculi habebat :—

Sandys
qr licet multi dede
rint opam ad com
pilandu marturo
logiu. tii tres fue
rut maioris aucto
ritatis qui opus
huius tradiderut.

Primus fuit hieronymus cuius operi
premittitur due eple uidelicet duor e

742. **Canon. Liturg. 333** fol. 24b. Venice, Italy, 1476.

743. **Laud Misc. 485** fol. 259. Venice?, Italy, 1476.

744. **Corpus Christi College 219** fol. 62. Prague, Czechoslovakia, 1476.

745. **Add. A. 169** fol. 70ᵛ. North-east Italy, 1477.

746. **Canon. Bibl. Lat. 27** fol. 72ᵛ. Florence, Italy, 1477.

747. **Canon. Liturg. 17** fol. 127. North-east Italy, 1477.

748. **Canon. Liturg. 142** fol. 131. Bergamo, Italy, 1477.

749. **Canon. Misc. 488** fol. 25. North Italy, 1477.

750. **All Souls College 322** fol. 10. Oxford, England, 1477.

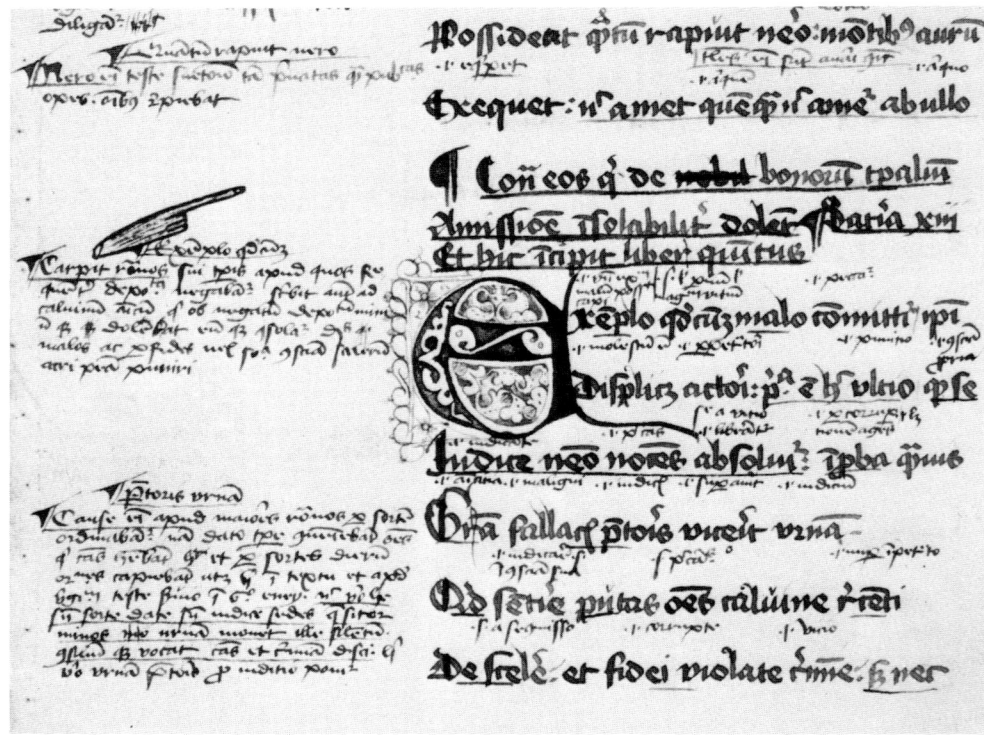

751. **Auct. F. 5. 2** fol. 101ᵛ. Louvain, Belgium, 1478.

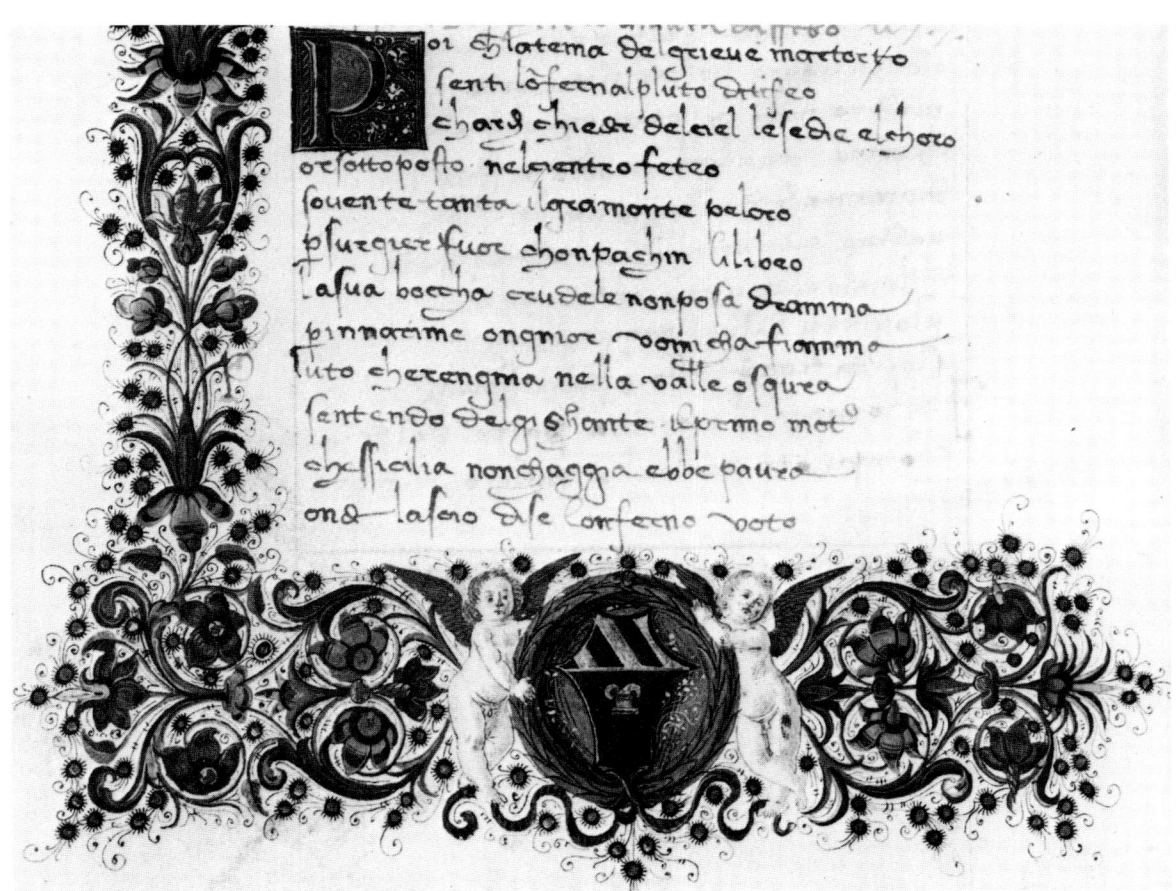

752. **Canon. Ital. 45** fol. 3ᵛ. Florence, Italy, 1478.

753. **Canon. Ital. 71** fol. 9. Sassuolo, Italy, 1478.

754. **Canon. Misc. 79** fol. 10. Trento, Italy, 1478.

755. **Canon. Liturg. 211** fol. 23. Italy, 1478.

756. **Bodley 123** fol. 152. Lyme?, England, betw. *c.*1478 & 1489.

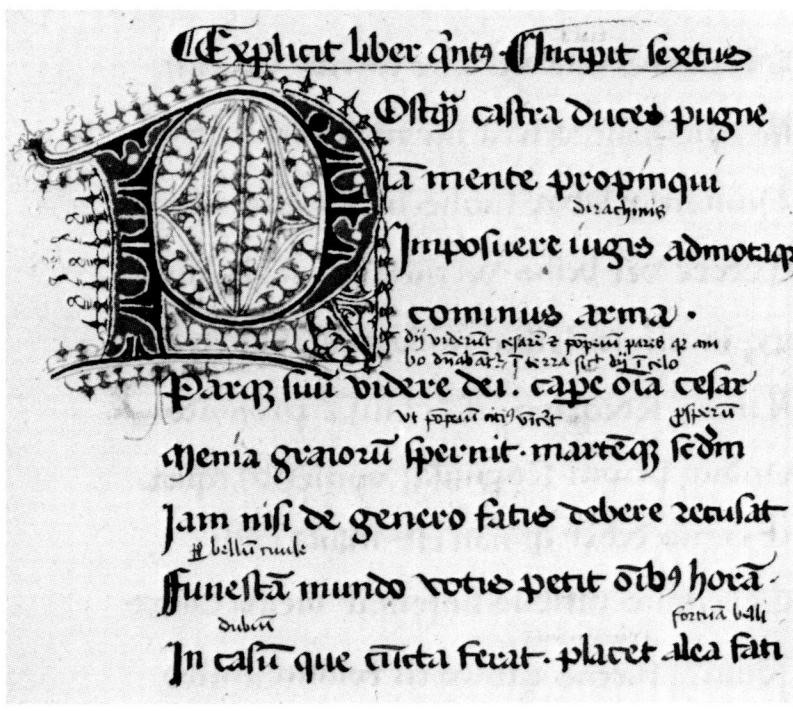

757. **Auct. F. 2. 11** fol. 98. Louvain, Belgium, 1479.

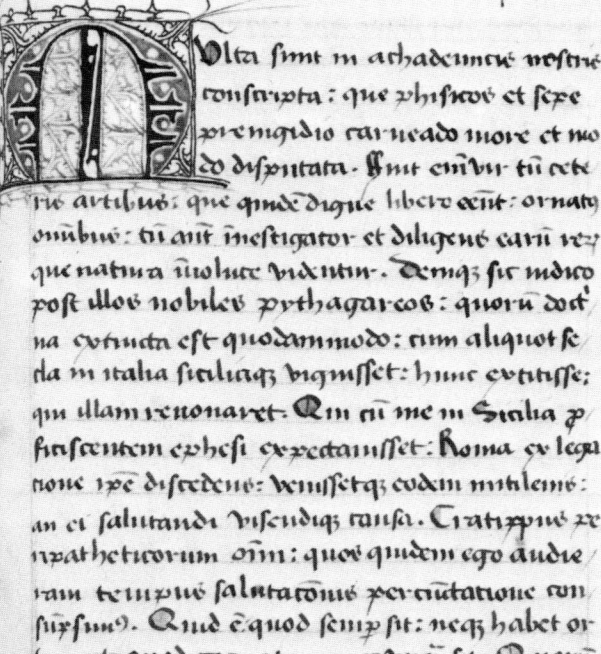

758. **Auct. F. 5. 12** fol. 96. France?, 1479.

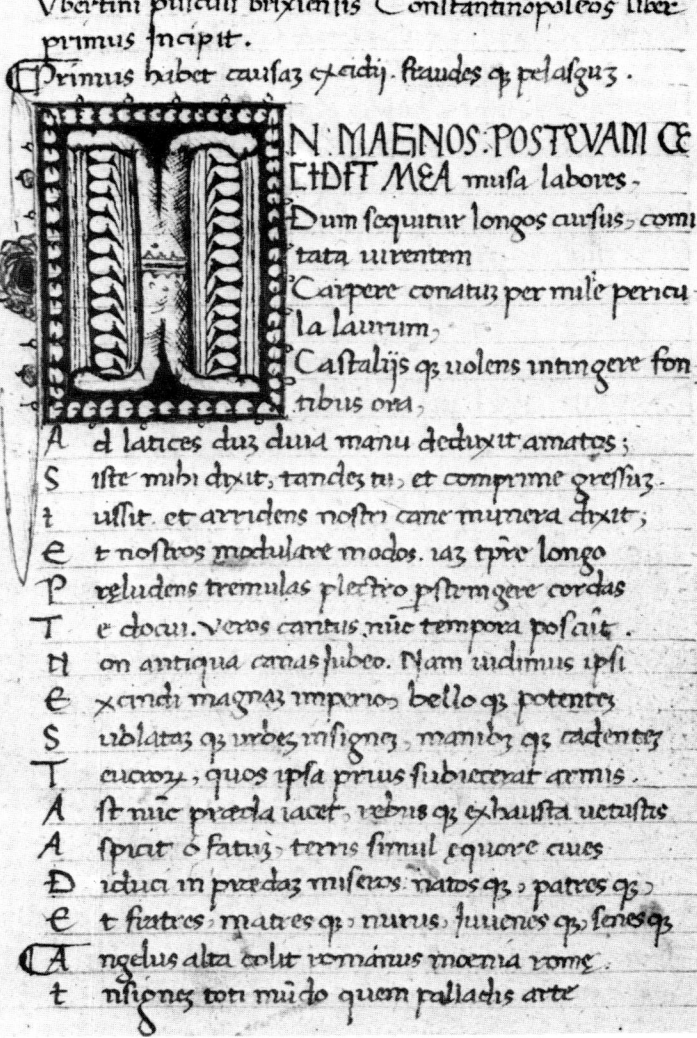

759. **Canon. Class. Lat. 120** fol. 1. North Italy, 1479.

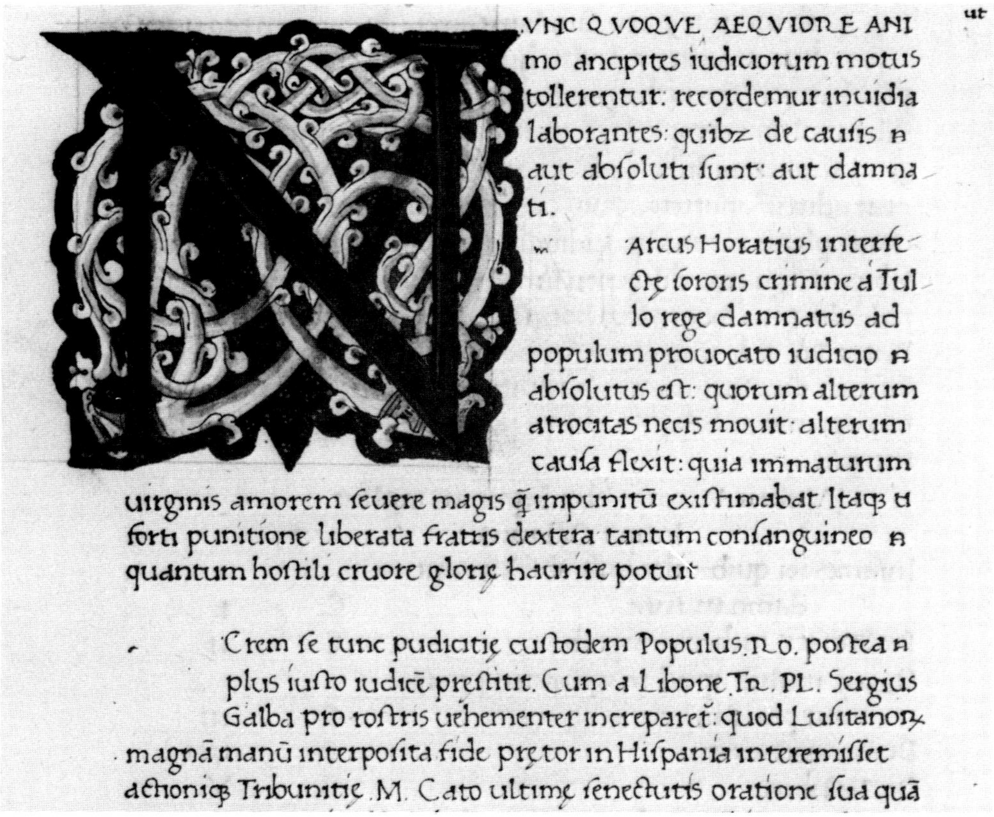

Nunc quoque aequiore ani
mo ancipites iudiciorum motus
tollerentur: recordemur inuidia
laborantes: quibz de causis ñ
aut absoluti sunt: aut damna
ti.

Marcus Horatius interfe
ctę sororis crimine a Tul
lo rege damnatus ad
populum prouocato iudicio ñ
absolutus est: quorum alterum
atrocitas necis mouit: alterum
causa flexit: quia immaturum
uirginis amorem seuere magis q̃ impunitu existimabat. Itaq̃ ŭ
forti punitione liberata fratris dextera tantum consanguineo ñ
quantum hostili cruore gloriȩ haurire potuit

Cȩterum se tunc pudicitiȩ custodem Populus. R. O. postea ñ
plus iusto iudice prestitit. Cum a Libone Tr. Pl. Sergius
Galba pro rostris uehementer increparet: quod Lusitanor.
magna manu interposita fide prȩtor in Hispania interemisset
actionibz Tribunitiȩ. M. Cato ultimȩ senectutis oratione sua qua

760. **Canon. Class. Lat. 261** fol. 109ᵛ. Brescia, Italy, 1479.

De natura Auium. Cap.m primum.

SEQVITVR NA
TVRA AVI
VM QVARVM
GRANDISSIMI
et pene bestiarȩ generis sunt strutio/cameli
aphrici uel ethiopici altitudinem: eq̃tis incidẽt
equo excedunt celeritate uiuũt. Ad hoc tm datis pẽnis: ut cũrente aduiuet
E caetero nõ sunt uolucres. nec a terra tolluntur. Vngulȩ his ceruinis siles
quibz dimicant bisulce: & cõphendendis lapidibus utiles: quos in fuga cõ
sequentes ingerunt pedibz: concoquẽdi sine delectu deuorata mira natura
sed non mir̃ stoliditas in tanta reliqui corporis altitudine cũ colla frutice oc
cultauerint latere se se existimantium premia ex his oua pp amplitudiẽz pro
quibz dam habita uasis conosq̃ bellicos: & galeas adornantes pennȩ

De Phoenice. Ca. II.

761. **Canon. Class. Lat. 295** fol. 131ᵛ. Lombardy, Italy, 1479.

762. **Canon. Pat. Lat. 62** fol. 178. Venice?, Italy, 1480.

763. **Digby 106** fol. 56. Vinci, Italy, 1481.

764. **Lyell empt. 10** fol. 72. Vicenza?, Italy, 1481.

PADOA CVM VENEXIA.

di visconti primo conte di virtu e alla morte Duca
de millano parue lassasse p testamento che a ciascha
duna si renda di raxone quello hauea vsurpato. vn
de questo Francesco appetando La segnoria de verona,
sotto nuoua malicia s'inzegnono de condure a Vero
mis Guielmo dalla schalla a cuj de raxon tal signo
ria chadea p molti mezi concorseno chiamarlo sigor
di verona. da poi regnato cercha. xx. di Lo fe avenenar
tenute p ho sempre Le forze luy in mano. Deinde
visto Citadiny cum schure fatie afflicti fe chiamar
signor mis Brunoro, e mis. Antonio dala schalla,
nati del dito condam mis Guielmo a uenenato, li
qualli in capo di. xL. di fe retener prexi nel castel
lo di san Martim, scurendo p La sua cita in nome
di Jacomo da Carrara suo figuolo. Sentitossi a Vine
xia Lo tradimento fatto p Francesco da Carrara al
Compari, e poy ali figlioli si promutoron di cuore
Infiamandosi uoler Lor dominar verona, e de Le
altre terre, corrente de condegny signori vt infra
p3. Per honestarsi ubiq, Lo senato cercho de hauer
della Duchessa, çd Consorte del Duca morto de mil

765. **All Souls College 192** fol. 177. Venice?, Italy, 1481.

766. **Lincoln College Lat. 102** fol. 2. England, 1482.

ille locus saeui uulnus amoris habet.
Anna soror: soror anna meae male conscia culpe
Iam dabis in cineres ultima dona meos.
Nec consumpta rogis inscribar elissa sichei.
Hoc tamen intumuli marmore carmen erit.
Prebuit eneas & causam mortis: & ensem.
Ipsa sua dido concidit usa manu;

HERMIONE ORESTI.

Loquor hermione nuper fratremq; uirq;
Nunc fratrem: nomen coniugis alter habet.
Pyrrhus achilleides animosus imagine patris
Inclusam contra iusq; piumq; tenet
Quod potui: renui ne non inuisa tenerer
Cetera foeminee non ualuere manus.

767. **Auct. F. 1. 18** p. 32. Florence, Italy, 1483.

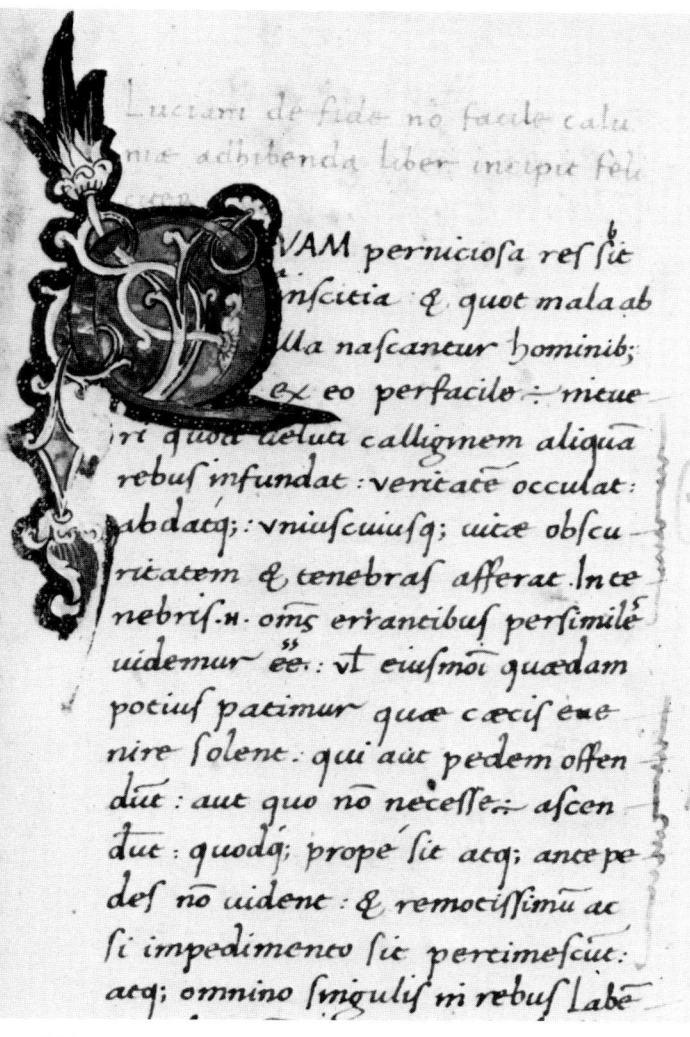

768. **D'Orville 146** fol. 1. Ferrara, Italy, 1483.

769. **Canon. Ital. 220** fol. 61. Avena, Italy, 1484.

770. **Canon. Misc. 370** fol. 244ᵛ. France?, 1484.

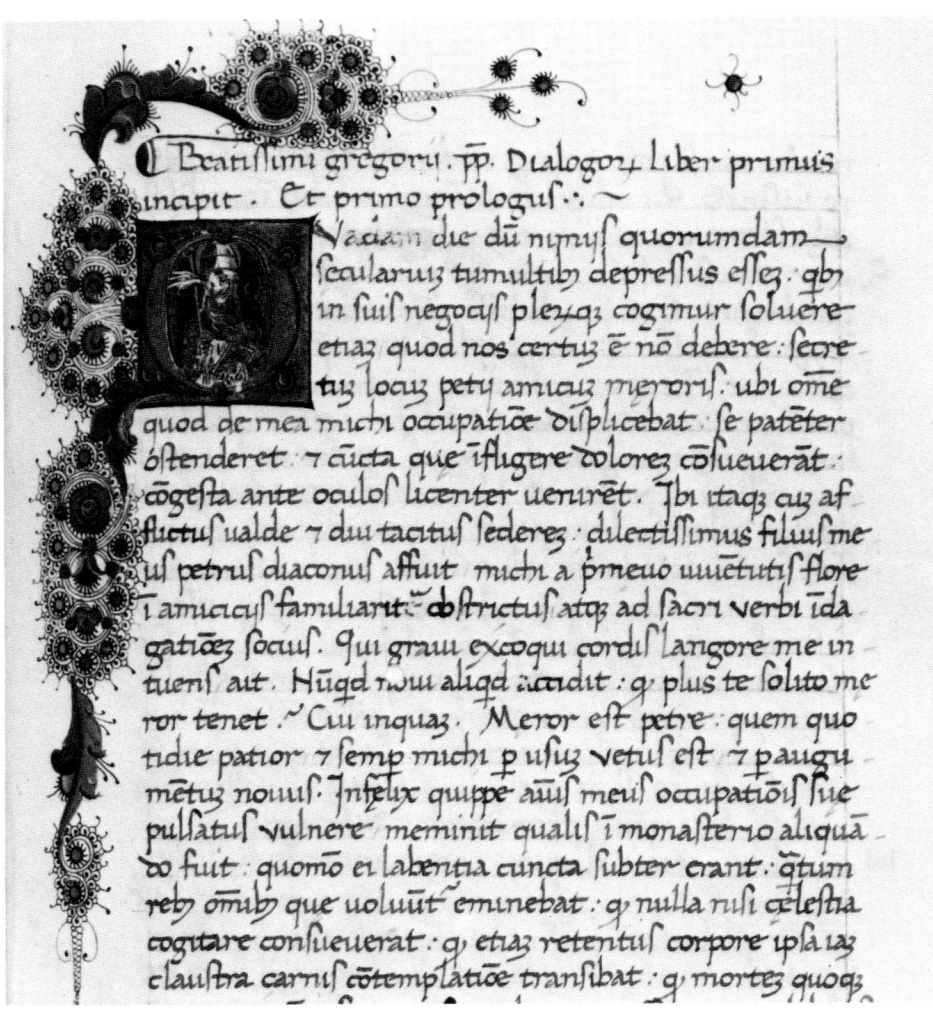

771. **Canon. Pat. Lat. 164** fol. 75. Ferrara, Italy, 1484.

772. **Broxbourne 85. 4** fol. 49ᵛ.
South-east Germany or Austria,
1486.

773. **Lat. liturg. g. 2** fols. 278ᵛ–9.
North Italy, 1486.

774. **e Mus. 244** fols. 96ᵛ–7.
Utrecht, Netherlands,
1487.

775. **Lat. misc. f. 40** fol. 49ᵛ. Venice, Italy, 1487–1488.

776. **Add. C. 13** fol. 196. Florence?, Italy, 1488.

777. **Fairfax 8** fol. 76. Dunfermline, Scotland, 1489.

·Incipit Tractatus s̄c̄i Augustini sup psalmos

B ·B·Q·VI·NON·ABYT·
in c̄silio impioru̅ et in uia p̄ccatorum
De d̄no nostro ih̄u xp̄o id est homine d̄mico
accipiendu̅ est. Beatus uir qui no̅ abijt
in c̅silio impioru̅. Sicut homo terrenus
qui uxori c̅sensit decepte a serpente
ut dei precepta pret̄iret. Et in uia
peccatoru̅ non stetit. Q̄ uia uenit quid
in uia peccatoru̅ nascendo sicut peccatores
Sed no̅ stetit quia no̅ eu̅ tenuit illecebra secularis. Et in cathedra pestilencie no̅ sedit. Noluit regnu̅ t̄rrenu̅ cu̅ superbia que
cathedra pestilencie ideo recte intelligitur. quia no̅ fere quisqua̅
est qui careat amore dominandi et humana̅ no̅ appetat gl̄am
Pestilencia ē em morb̄s late p̄uagat̄ et omnia ui pene inuoluens
quaq̄ ac co̅modacius accipiatur cathedra pestilencie ꝓuinciosa doctrina cuius sermo ut cancer serpit. De inde considerandus est

(a)

Reuerendissimo in xp̄o p̄r̄i ac d̄no d̄no petro decorosimis de
floren̄cia dei gr̄a portuen̄ et san̄cte rufine ep̄o cardinali. Colucius
pūe picci de salutatis cancellarius florentin̄ in meritas pac̄ in
xp̄o ih̄u que sup̄at am̄em sanr̄. Misit m̄ichi benignitas tua
libellu̅ plutarchi de remedijs ire que olim de greco transtulit in
latinu̅ iussione tua uir multa uenerac̄oīs Symon archiep̄s tychan
De ue tractu auide discurrens meo indignari cepi tanta ee illis
traslacōis obscuritate uerū horrido stilo ꝓposita quod nulla p̄ossit
allicere suauitate lectore. Nec facile pateret quod no̅s tantus
ꝑh̄s tradidisset. Sensi ebam altas solidasq̄ sentē cias in alto dicendi
genere et obscuritate profundissima no̅ traditas sed obscuratas
putassemq̄ totu̅ hoc de plutarchi stilo procedere nisi queda̅ uenu-
stissime translata comp̄issem apud magistru̅ Joh̄anem de haberijs
angli cu̅ tract atu de magis curialiu̅ de uestigijs ph̄oru̅ que
libru̅ nescio qua racione policratu̅ uocat. accessit ecia ut trans-

(b)

778. **Canon. Pat. Lat. 223.** (a) fol. 32, Zadar, Yugoslavia, 1489; (b) fol. 21, Treviso, Italy, 1490.

men Vuluc steriles piper et liqua
mine laseri partico apponis callū
libelli coticule ungelle piper liqua
mine laseris apponis. Vuluam ut
tostam facias in cantabro ĩ uolue
et postea in muria mitte et sic
coque· Sumen
S vmen elixas de canis sur
das sale aspergis et ĩ fur
num mittis uel in craticulam su
bassas. Teres piper ligusticum li
quamen mero et passo amulo
obligas et sumen perfundis. Su
men plenum teritur piper cū cu
echinus salsus quo suitur et sic
coquitur manducat cum allece
synape·

779. **Canon. Class. Lat. 168** fol. 47ᵛ. Bologna, Italy, 1490.

IN DEI HOMINE AMEN. Anno
incarnationis dñi nri yhu xpi Mllo quadringen
tesimo nonagesimo Indictione vm die uo septĩ
mensis Maii
Constituti in presentia Mag·cō et ex·sor Dominorv
D. Priorvm libertatis et vexilliferi Justitie·
ppli florm ĩnfi prudentes vir vz
Gasparus Johis di Berti als Ciabatta etq syndici et pro
Philippus Stephani Oliuery ─── curatores ho
minvm et psonarv della Massa terra et castri vii
diogesis smolensis habentes plenv liberum et spe
ciale mandatv ad infrascripta omia pagenda:
ut de eorv mandato et procuratione constare
vidi publicvm instrimentvm manu s Jacobi s Bapte
nicolai de fontana coitatvs smolensis sub die xxiii
mensis Aprilis prox preteriti pro ipoꝝ omium hoīuz
pace et quiete et pro ipoꝝ meliore gubernatioē
ac et pro honore Reip·cē flornē: sponte et ex certa
scientia no vi non dolo nec p metv seu errorem

780. **Canon. Misc. 275** fol. 1. Florence, Italy, 1490.

Hac ope pensat ope: sic leo tutus abit:
Rem potuit tanta minimi prudentia dentis
Cui leo dans veniã se dedit ipse sibi.
Tu quisquis potes ne despice parua potente
Nam prodesse potest si quis obesse nequit
Soneto materiale
L Alfredda silua un zorno lusingaua
Il sopito leon. cheutro ui iace.
Tu tanto gionse un ratolin sagace
Chin torno dellion prompto giocaua
Illion el pse cun sua brancha praua
El toppo disse: o potentia tenace
Al dificordia ti domando. e pace
Mosso illion dal priego quellassaua
Edisse: al uencitore eranta gloria
Quanto ella possa di quel che pdente
Si cha uincer costui nou mi e memoria
Cadde nel rete quel leon possente
Possa dal toppo hebbe lauictoria
Chil fune rosigo col fiero dente
Tu che potente sempre serui alpicolo
Che scampar ti potria di gran periculo
Soneto morale
Q Mini figura il dottore molto bene
Che gloria dil uincitore tanta
Quanto la possa dil uincto sauanta
Che alpiu possente uincer se conuiene
Ma quando uince un tristo questo adiuene
Che mile hystoria poi dilui se canta
Al picolo si fa gratia larga esanta:
Per che giouare ti puo ne le tue pene:
Per seruir no si pde anci saquista

781. **D'Orville 512** fol. 16ᵛ. Italy, 1490.

782. **Holkham misc. 50** fol. 36. Flanders, Belgium, 1490.

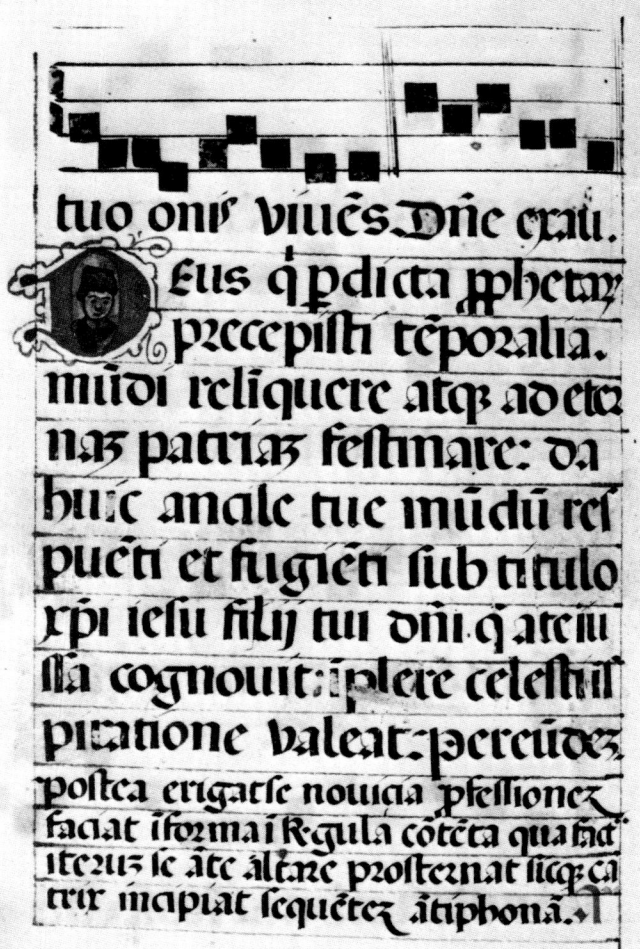

783. **Lat. liturg. e. 8** fol. 11ᵛ. Perpignan, France, 1490.

784. **Canon. Misc. 567** fol. 1. Bologna?, Italy, 1491.

785. **Corpus Christi College 227** fol. 121. Oxford, England, 1491.

786. **University College 156** fol. 60. Woburn, England, 1491.

Clarissimi & sapientissimi principis domini Bessarionis
Episcopi Tusculani Sancte R. o. ecclesiae Cardinalis
dignissimi in nouam Metaphysicorum Aristotelis trans-
lationem prefatio incipit foeliciter: Ad Alfonsum sere-
nissimum Regem Aragonum: & utriusq; Sicilie principem
inuictissimum.

MAGNVM illum Alexandrum
Macedonem inclyte atq; inuictissime
Princeps Editionem Metaphysicorum
Aristotelis: quibus apprime eruditus
fuerat inico animo tulisse memoria prodiderunt. cui
rei rationem in litteris: quas ad preceptorem suum

787. **Add. C. 73** fol. 3. Pavia, Italy, 1493.

788. **Bodley 831** fol. 54. England, 1493.

789. **Canon. Pat. Lat. 114** fol. 2. Italy, 1493.

790. **Auct. F. 3. 1** fol. 83. Rimini, Italy, 1494.

791. **Germ. g. 1** fol. 30. Aachen, Germany, 1495.

792. **Laud Misc. 206** fol. 60. Oxford?, England, 1495.

793. **Corpus Christi College 29** fol. 1. Utrecht?, Netherlands, 1495.

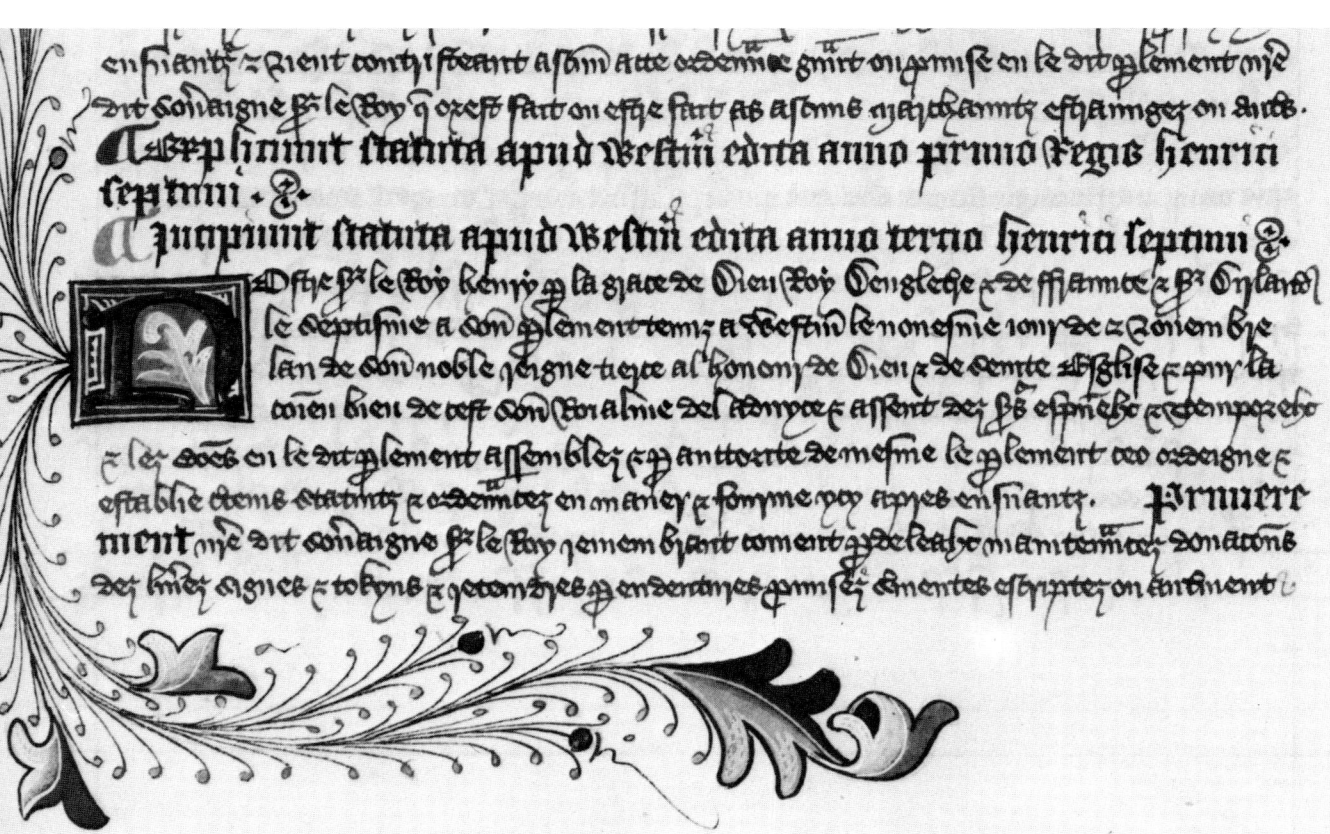

794. **Hatton 10** fol. 339. London, England, 1496.

795. **Canon. Liturg. 241** fol. 73. Venice, Italy, 1497.

796. **e Mus. 83** fol. 212. Montpellier, France, 1497.

797. **Merton College 23** fol. 39ᵛ. England, 1497.

La crescer le ricchese non espoglia
la uoglia desse. anzi la fa piu forte
fugge misero et quel desse la moglia

Et quante magior cose son lor porte
di magor desse et disiderio accende
si che chi fugie lei fugie la morte

Disse Jesu ne tesoro ne bicende
non portate conuoy discepoli miei
et griesse raguna lor prende

Vendete et date propter amor dei
e che doue el tesor gui sie el core
Et disse anche alle turbe et farisey

Fugite d'auaritia ongni ranchore
del possedere assai non fa abondanza
alla comulatore: anzi dolore

L'uij et rijso desse ongni speranza
che puo difficile gli e entrare incielo

798. **Ital. e. 2** fol. 18. Florence?, Italy, 1498.

Puoi manti salba con gli usati pianti
Faceuo risonar tutta la ualle
Inuitando gli ucelli ai dolci canti
Cercando andauo qui per ogni calle
Dicendo ahi cruda che mi fuggi inanti
Expectami: io ti son dietro ale spalle
Sempre il bel nome suo spargendo fuore
Como nel pecto mi Dittaua amore.

Non hebbe credo alhor piu dolce uena
Orpheo: a placar i spiriti infernali
Ne piu la lyra di Dolcezza piena
Quando trhaeua al canto gli animali

799. **Ital. e. 18** fol. 5. Italy, 1498.

Vti que que ante hanc legem Rogata acta
gesta decreta imperata ab imperatore
Cesare uespasiano Aug: iussu mandatu
ue eius a quoque sunt ea perinde iusta
rata sunt ac si populi plebis ue iussu uocta
essent:

SANCTIO

Siquis huiusce legis ergo aduersus leges
rogationes plebis ue scita Senatus ue con
sulta fecit fecerit: siue quod eum ex
Lege rogation plebis ue scito. S. ue. C.
facer oportebit/ no fecerit huius legis
ergo id ei ne fraudi esto ne ue quit
ob eam rem populo dari debeto / ne ue
Cui de ea re actione ue iudicatio esto.
ne ue quis de ea re apud sinito

Epigramata reperta Roma indomo R.D.
prosperi de Caphalariis Epi Asculani apud
Campum Flore

Jullia procilla vix An xix   Aeditus
Amaranthus Cesaris editus ab Conco Coniugi &
dia Coniugi benemerenti posuit: Coiunx

800. **Lat. class. e. 29** fol. 20ᵛ. Milan?, Italy, 1498.

801. **Rawl. D. 595** fol. 89. Vaiano?, Italy, 1498.

802. **Canon. Misc. 156** fol. 75ᵛ. Marostica, Italy, 1499.

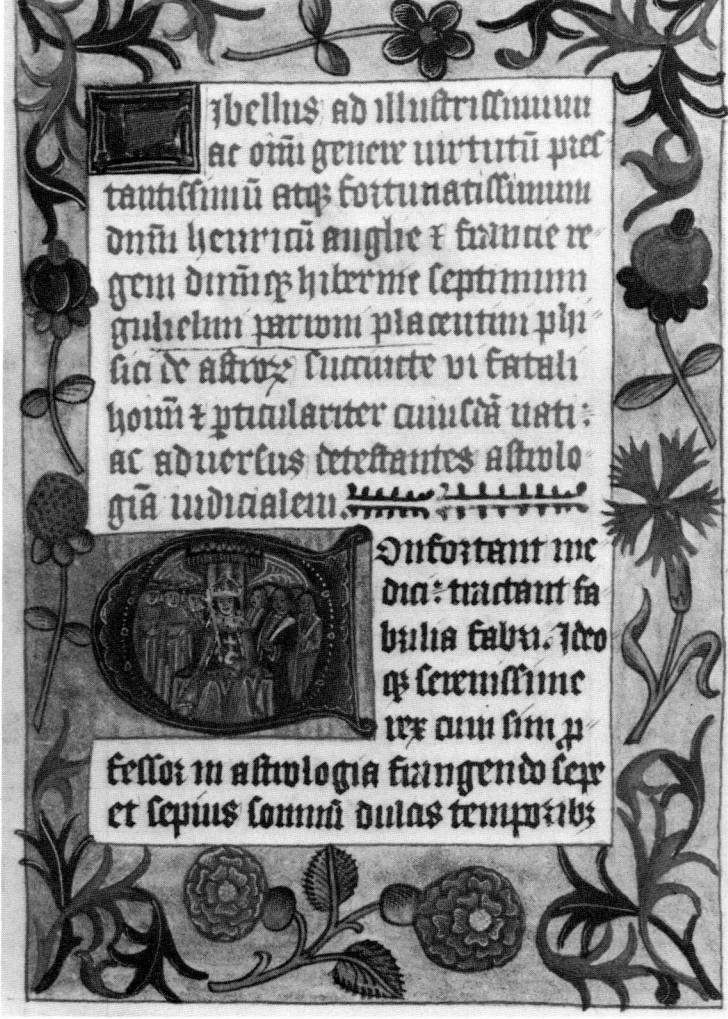

803. **Selden supra 77** fol. 4. England?, 1499.

804. **Tanner 15** p. 585. Canterbury?, England, 1499.

805. **Canon. Misc. 534** fol. 1. Villanova, Italy, 1500.

806. **St John's College 40** fol. 12. Italy, 1500.

807. **Broxbourne 85.6** fol. 20. Trier?, Germany, 1501.

808. **Rawl. C. 32** fol. 18ᵛ. Mellifont, Ireland, 1501.

809. **New College 312** fol. 175. Netherlands, 1507.

810. (a) **Canon. Bibl. Lat. 65** fol. 205, Brescia, Italy, 1507;
(b) **Canon. Bibl. Lat. 68** fol. 226, Lyons, France?, 1510.

811. **Broxbourne 89.4** fol. 8. Bruges, Belgium, 1508.

812. **Broxbourne 85.8** fol. 15. Gouda?, Netherlands, 1517.

814. **Canon. Liturg. 9** fol. 178. Florence, Italy, 1526.

813. **Wadham College A. 7. 8** fol. 31ᵛ. Louvain, Belgium, 1521.

815. **Rawl. A. 393** fol. 81. North England, 1528.

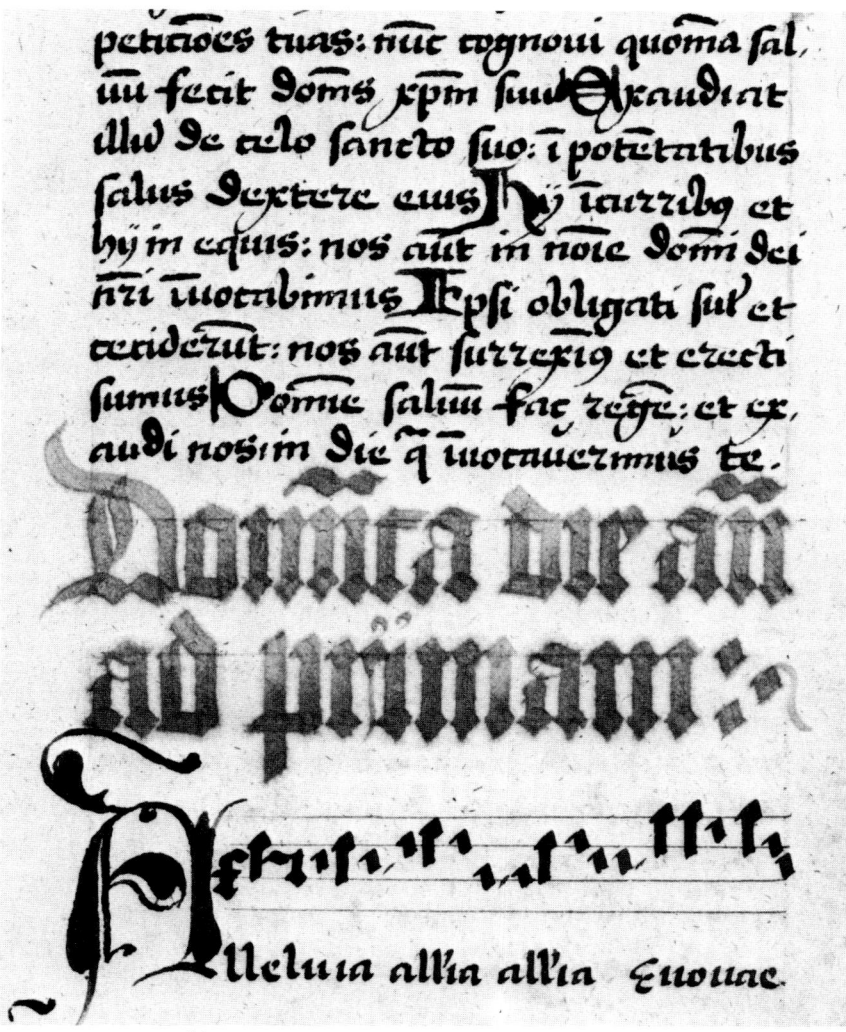

816. **Liturg. 403** fol. 72. Neresheim, Germany, 1534.

Salomon true iudge, thou hast herd
this lamentable proces, and or
deyned (contenting the parties)
that my child shuld be diuided
in two partes The false woman
agreeth it shuld be so: but i(re
membring hym to be my owne
sonne) was rather contente to
lese hym, than to se his body par
ted in two peces ffor, true, and
parfaitte loue is neuer contente
with one halfe of this that she
lou(th)) but i wolde rather wyppe
for my whole losse than to reco
uer but one halfe. My mind shuld

817. **Cherry 36** fol. 24ᵛ. Ashridge, England, 1544.

Hier begint een seer schoon Capittel vander
grooter goedertierethz en werdicthz van maria

Synte Ambrosius seet · alzo ghenadich was maria ·
dat haer leue was een leer · Si was en is maecht ·
niet allee nade lichae · Mer oock inde gedachte
die met geender looser Meyninge haer begeerte en beulecte
Si was ootmoedich va herte · en glorioes va woerde · en
wijs va sin · en luttel va sprake · en va veel te lese · en
met grooter begeerte was sy stadelyck denckende wat sy
doen mocht · dat sy gode behage mocht · en hy he gelbeer
dicker haer sy gracie te geue · en sy badt met grooter be
geerte · om gracie te veruulle die gebode goids · en dat hy
haer wilde doe minne al dat hy minde · en doe hate al
dat hy haete · en sy bat om alle die doechde · die haer moch
te behagelyck make voer sy aensicht · en sy bat dat hy
haer tyt wilde geue te leue · Inde welcke tyt gebore soude
worde die maecht · die en soe goids bare soude · en dat hy haer
gespare woude · dat syse sie mocht · en datse haer toge loue
mocht · en haer hande dat syse daer mede diene mocht
haer voete dat sy daer mede gae mocht tot hare diest haer

818. **Add. A. 288** fol. 1. Netherlands, 1578.

DATE DUE

BOOKS ARE SUBJECT TO
RECALL AFTER TWO WEEKS